U0529735

钛经济

美国高科技制造业的前沿创新与发展趋势

［美］阿苏托什·帕迪　　戈拉夫·巴特拉　　尼克·桑瑟兰姆　著
　（Asutosh Padhi）　　（Gaurav Batra）　（Nick Santhanam）

伍拾一　译

The Titanium Economy

How Industrial Technology Can Create a Better,
Faster, Stronger America

中信出版集团｜北京

图书在版编目（CIP）数据

钛经济 /（美）阿苏托什·帕迪,（美）戈拉夫·巴特拉,（美）尼克·桑瑟兰姆著；伍拾一译. -- 北京：中信出版社, 2024.11. -- ISBN 978-7-5217-6727-8

Ⅰ. F407.406

中国国家版本馆 CIP 数据核字第 2024KH9440 号

The Titanium Economy by Asutosh Padhi, Gaurav Batra, and Nick Santhanam
Copyright © 2022 by McKinsey & Company
Published by arrangement with Hodgman Literary LLC, through The Grayhawk Agency Ltd.
Simplified Chinese translation copyright © 2024 by CITIC Press Corporation
ALL RIGHTS RESERVED
本书仅限中国大陆地区发行销售

钛经济
著者：　　［美］阿苏托什·帕迪　［美］戈拉夫·巴特拉　［美］尼克·桑瑟兰姆
译者：　　伍拾一
出版发行：中信出版集团股份有限公司
　　　　　（北京市朝阳区东三环北路 27 号嘉铭中心　邮编 100020）
承印者：　嘉业印刷（天津）有限公司

开本：787mm×1092mm 1/16　　印张：16.75　　字数：171 千字
版次：2024 年 11 月第 1 版　　印次：2024 年 11 月第 1 次印刷
京权图字：01-2024-4219　　　　书号：ISBN 978-7-5217-6727-8
　　　　　　　　　　　　　定价：69.00 元

版权所有·侵权必究
如有印刷、装订问题，本公司负责调换。
服务热线：400-600-8099
投稿邮箱：author@citicpub.com

献给美国未来的基石——美国工业部门

我们都了解美国的高科技巨头。《钛经济》这本引人入胜的书展现了另外一批对经济繁荣不可或缺的技术密集型创新公司。事实上，这些创新公司规模都较小，但这并不意味着它们不重要。通过该书可以了解美国这一突出的经济领域。

——安德鲁·麦卡菲，麻省理工学院科学家，《第二次机器革命》《人机平台》作者

《钛经济》这本书展示了先进技术给世界带来的巨大潜力。"钛经济"行业提供了一个千载难逢的机会，重新定义了什么叫为客户、社区、员工和股东创造价值。正如书中所揭示的，技术驱动的工业企业正在为未来的经济奠定新基石。

——凯西·沃登，诺思罗普·格鲁曼公司董事长、首席执行官兼总裁

制造业的创新一直是美国经济的支柱。《钛经济》这本书对这一长期被低估和误解的行业进行了及时、真实、引人入胜的探索——该行业对推动未来的包容性经济增长至关重要。

——迈克尔·拉马克，特灵科技公司前董事长兼首席执行官

《钛经济》这本书正式确认了一个长期以来超常发挥作用的行业的价值，它应该成为美国经济未来的核心。如果你对制造业的未来充满热情，那就不能错过这本书。这是一本关于如何在21世纪获得成功的指南。

——布莱克·莫雷特，罗克韦尔自动化公司董事长兼首席执行官

工业技术对维持美国经济的创新和竞争力至关重要。《钛经济》这本书描绘了一张如何为该行业注入新活力并确保其长期增长的蓝图。

——辛迪·尼坎普，PPG工业公司董事会成员、前高级副总裁

推荐序
赢回敬重,看见制造业的繁星

林雪萍,《供应链攻防战》作者

这是一幅制造业的星空图,到处都能看见一闪一亮的小星星。人们容易把注意力留给美国股市浪尖上的科技巨星,也会关注工业巨头,如通用电气、波音或3M(明尼苏达矿业及机器制造公司)的创新传奇,但人们似乎很少注意到美国中小企业的情况。这个群体在全球制造业的雷达图上,意外地消失。相比之下,德国的隐形冠军、日本的百年老店都显得更加热闹。

尽管美国制造业深受工业空心化的影响,但它依然在相当长的产品线上保留着制造业的创新活力。一直保持活跃状态的中小企业,正是美国制造创新的主力担当。

《钛经济》这本书正是为销售额在5亿~50亿美元的这类创新制造企业进行画像。它将美国4 500家高科技制造企业,描绘成一个"钛经济"群体。正如钛的金属特性那样,这样的企业经受时间的冲刷,强度与韧性十足,而且无处不在。

这些企业的特点,你只有仔细盯着,才会发现它的存在。而这本书将这些特点放到显微镜下，让人看得更加清楚。

首先是专注。这些企业其实大部分是家族企业，这在美国公司的叙事上，是很少强调的事情。美国的企业有80%是家族企业，只是发达的经理层往往接管了这些企业。但至少有一点，那就是专注于核心技术的特点，一点不亚于德国的家族企业。

这些企业擅长在微观垂直行业，扎下根基。这些垂直行业，有可能是新生事物，如动力电池回收；有可能是常青树，如工业废物处理。但这些垂直行业，往往是体量不大的利基市场，大企业很难在这里站稳脚跟，而"钛经济"企业，则在这里坚决取得竞争性优势。投入研发力量、聚焦用户的各种微小需求，都是这些公司所擅长的。

其次是进化。百年老店，从来不能只靠"一招鲜"的方式赢得天下。它最大的特征，就是不断进化。按照书中的描述，一家企业每20年就应该自我刷新一次。一家回收公司的发展最令人动容。这家公司最早是收破烂的。然而，它跟随着时代的需求，围绕"减少""再利用""再循环"的理念，成为当今美国的绿色科技代言人。从垃圾场到绿色碳减排，在每个时代，这家公司都不拘泥于业务的形式，而是按照核心理念，不断改变企业的形态。

而多特食品公司做的是快要过期的食品的生意：食品再经销。它提前回收那些食品，然后在保质期之前快速卖出去。这样的公司就是与时间赛跑，因为每过去一天，那些食品的寿命就更短一天。这家公司80%的员工是仓储蓝领和司机，但即便如此，它依然定位自己是一家软件公司，加强物流与先进分析技术。在这家公司看来，企业的未来就在于程序员，它可以将大量产品以更适合数字化分发的方式传递出去。

"钛经济"还有一个特点，就是通过并购实现多元化。前面提到的垃圾回收公司，收购了50多家公司，变成了一家绿色回收公司。而一家做航空零部件的公司，在意识到自己所拥有的航空认证体系具有很高的壁垒时，就开始大量收购与航空业务相关的公司。1990年以来，它居然收购了82家公司。2020年，这家公司的总收入并不高，只有18亿美元，这意味着每家公司平均贡献了2 000万美元。小虽然是小，但公司的现金流却异常强劲。这些公司，往往都非常追求盈利水平和现金流，而非收入的规模。它们在股市的回报，甚至高过谷歌、脸书这样的公司。不管什么商业模式，不管什么年代，现金流永远是第一位的。

对人性的关注，往往是"钛经济"的制胜法宝。这些公司，工厂也都不是很大。一家公司拥有6 000名员工，这些员工分布在美国不同城镇的67个工厂。这意味着，一个工厂也不过近100人。然而，这种分散的工厂，往往跟社区有着紧密的嵌合。这些小企业的竞争力，甚至恰恰在于它的小。如何与工业巨头对垒？那就是欣赏员工。由于企业小，所以管理层有足够的时间激发每个员工的个性。而在实际工作中，也着意训练每个员工成为多面手。这使流水线的工作，不是那么枯燥，反而极具创新性。焊接工不仅会焊接，还会安装，还要懂电工——这些工厂往往不会单独配备电工。日本的多能技工的影子，开始出现。

在这些企业，工程师与科学家，都要同时下沉。科学家下沉到工程师层面，工程师下沉到车间一线。这种双下沉的做法，使企业具有充分的创新氛围。那些天天喊着算法的人，创新力其实并不一定高于工厂的工艺员。在现场，人们真正改变了车间的世界。从这个角度看，一线车间也是荣耀之地。

这本书最大的价值在于，它将人们的视线从全球宏大的数字经济企业，重新拉回到工业企业的实体。它唤回人们对于制造业的敬重，也在唤醒人们对美国制造的信心，让人们有了一种全新的观感，这种观感平行于马斯克所带来的超人英雄的模板。"钛经济"确立了人性至上的经营准则，这使此书隐含着一种想法，即中小制造业可以更容易抚平空心化社区所受到的创伤，或者说，它是对付空心化的一剂良方。

从另一个角度看，"钛经济"是美国最擅长创造故事的一种全球叙事方式。这一次它要将美国中小制造业推到舞台中央。"钛经济"的出现，也正是美国最擅长的一种工业文化叙事能力。中国当下正在大力推动"专精特新"和"小巨人"，很多企业其实也都符合"钛经济"的特征。那么这些创新攻坚的力量，应该用一种什么样的素描方式来勾勒？中国制造业的全球化叙事，也是一项同样值得挖掘的课题。

2024 年 8 月 11 日

目 录

第一章 被轻视、低估和误解的制造业
因为看不见，所以不重视　005
美国正在失去竞争优势　014
媲美科技五巨头的收益率　016
今天的工厂已然改变　019
良性增长循环　022
机会稍纵即逝，抓住良机　025

第二章 主场优势
新型工厂　033
高度敬业的员工　037
保护核心　041

第三章　漫漫征途

将脏活累活自动化　053

至高目标　056

陷入烂泥　059

变废为宝　064

第四章　钛经济模板

我的人怎么办？　076

去火星　079

模板　084

第五章　微观垂直市场的力量

破解"黑匣子"　096

清新空气　102

同一"屋檐"下　107

第六章　伟大的放大周期

一千家特斯拉　125

第七章　"钛家族"价值观

维京海盗与园丁　137

抵制短期主义　141

第八章　赢得人才战争

年轻人是未来　158

关键在于公司的创造力　163

大胆行动吧　168

第九章　探索可持续发展
　　一条直线　178
　　神奇的盒子　183
　　挖掘水能潜力　187
　　只有一个地球　190

第十章　钛经济的颠覆性创新
　　五大处方　200
　　立即行动　211

结　语　关于创新、教育和政策的 30 条建议
　　创新　215
　　教育　217
　　政策　219

图　表　221
致　谢　231
参考文献　235

第一章

被轻视、低估和误解的制造业

"美国制造业崩溃论"纯属无稽之谈，事实恰恰相反。

在过去的三四十年里，哀叹美国制造业衰落的新闻报道数不胜数，但它们几乎都忽视了正在到来的复苏。大多数工业部门蓬勃发展、充满创新，创造高薪、高福利的优质工作岗位，产出丰厚的财务回报。事实上，在制造业最具活力的领域（我们称之为"钛经济"），一些核心公司获得的回报已经超过了脸书、苹果、亚马逊、网飞、谷歌这五大科技巨头。

我们将这些高科技制造企业称为"钛经济"公司，是因为它们与钛金属有许多共同特点。钛金属极其耐用和耐腐蚀，重量轻而强度高。最重要的是，它默默无闻，却无处不在，被广泛应用于汽车、手机、珠宝、运动器材、手术工具等产品的生产制造。这些"钛经济"公司与钛金属的性质相似——其中有很多已经持续了数十年，在经受经济风暴的考验后愈加强大。

构成"钛经济"的是这样一批公司：名声不显但实力强大，

以前所未有的方式创造、生产对电子商务、电动汽车和自动驾驶等前沿趋势至关重要的突破性产品。这些公司都有一个共同点，那就是不断追求创新，像苹果、谷歌等科技公司一样热情拥抱并使用新技术。其中一些公司凭借尖端科技从旧工业模式的灰烬中涅槃重生，另一些公司则保持了数十年的稳定高速增长。但为什么它们未被广泛报道？因为大多数人，甚至就连投资界，都对它们一无所知。

因为看不见，所以不重视

"钛经济"公司与那些在"超级碗"比赛上打广告的B2C（企业对消费者）品牌不同，它们多数不生产消费品。但由其产出创造的产品和服务，不仅对我们的日常生活来说不可或缺，还是解决美国当前所面临的从应对气候变化到创建更可持续、更可靠的食品体系，再到重建和升级基础设施等许多紧迫问题的关键。这些公司的CEO（首席执行官）通常不会出现在电视财经频道或《华尔街日报》的头版上，但他们是一群干劲十足的人，数十年来一直领导着公司不断创新、不断获得盈利。尽管这些公司不是计划掀起上市热潮或者希望获得数十亿美元估值的独角兽企业，但它们就像那些被大肆吹捧的科技宠儿一样，对当前的美国经济有着举足轻重的影响，而对未来更是如此。

举个简单的例子，坐落在佛罗里达州迪士尼乐园附近的科沃公司鲜为人知。科沃公司生产手机的关键部件，这家公司拥有全球唯一大规模生产该部件的工厂。如果缺少该部件，你就不能同时打电话和发短信。除了手机制造业，没人会重视科沃公司的作用，然而，一旦这家工厂出于某种原因停产，就会使数十亿美元化为泡影。

无论我们在哪里，无论我们做什么，由"钛经济"公司组成的无形网络一直在我们的生活中发挥着支撑作用，必不可少却往往难以察觉。这种无形意味着它们的贡献和重要性大部分不为人所知。要想感受一下"钛经济"创新与生活联系之紧密，可以想一想它们是如何让你更顺利、更高效地度过忙碌的一天的。

早上 6 点 30 分，智能手机响了。你推开玻璃门，走到露台上，在投入一天的忙碌之前享受片刻的独处，然后去淋浴。几小时后你要去外地参加一系列重要的商务会议，第二天还得赶回来观看你的女儿在学校制作的《歌舞青春》音乐剧。如果一切按计划进行，你将在演出开始之前落座。

你伸手去拿两天前订购、加急送货的新衬衫，以替换上周不小心被半个超大号鲁宾三明治弄脏的那件。一想到三明治，你的胃就"咕咕"叫起来，你打开手机上的App（应用程序），下单了在去机场的路上可以顺便去取的炒鸡蛋和早餐三明治。但想到新衬衫，你又把三明治换成了普通的贝果面包，再配上一杯平时爱喝的咖啡。在冲出家门的一瞬，你听见女儿大喊道："演出见！"

开车上路时，你发现邻居家上周被突降的冰雹砸坏的屋顶已经焕然一新。虽然自家的房子逃过了一劫，但你还是把"问问他们是如何快速修复的"这件事记在心里。停车取到咖啡和贝果面包，你前往机场。令人高兴的是，尽管等待安检的队伍很长，但当你坐下来吃早餐时，这些食物依然美味又热乎。飞机经过一段时间快速、平稳的飞行后落地了，你用手机租了一辆车，并且没有等待就取到了车，然后提前15分钟到达了会议地点。

你在车里静静地待了一会儿，想着从早上到现在过得可真顺利，随后去参加了第一场会议。

现在，让我们回顾这一天。你站在露台上心情愉悦地沐浴朝阳，不仅是因为清晨的寂静，还因为你知道自己这300平方英尺[①]的露台所用的"木材"是一种由80 000只再生塑料袋制成的复合材料，这种材料有益于海洋保护。通过再利用原本会变成垃圾的塑料袋来生产建筑材料，Trex（木质可替代装饰板产品制造商）每年可使15亿只塑料袋免于流入垃圾填埋场和河道。

除了材料创新之外，Trex还是制造领域的改革者。公司的IT（信息技术）团队最近完成了从中央数据中心向云计算系统的转型，以应对库存量持续增加的挑战。其他工业制造商也在进行类似的大规模转型升级，即从大型中央工厂转变为更具活力的制造工厂，后者将更接近供应链，同时提供了更多的就业机会。云计算方面的支出在2021年飙升了23%，从2020年的2 700亿美元增加到3 320亿美元，极大地提升了工业制造商的运营能力。

你这么快就收到了新衬衫，正是得益于这种计算技术的创

---

① 1平方英尺≈0.09平方米。——编者注

新。一旦你点击购买按钮，算法就开始运行，根据邮编将你的包裹与其他货物合并，确保衬衫能经济、高效地按时送达。如今微芯片的计算能力呈指数级增长，再加上恩智浦半导体（NXP）等公司推动的精密制造创新，这种提高效率的方法应用得越来越广泛。预计到 2030 年将有多达 5 000 台超级计算机上线，进军能改变游戏规则的量子计算领域，由此产生的"算力海啸"将推动机器学习融入从零售到金融再到制药的各行各业，预计到 2035 年为企业创造的价值将超过 10 000 亿美元。

你邻居家的屋顶之所以修复得这么快，是因为屋面材料公司通过人工智能追踪气象预测系统，在风暴袭击地区卫星图像的帮助下，用不了几个小时就能向建筑承包商发送信息，请求他们联系房主确定修复事宜。一流的数据分析和数字工具推动这些工作取得进展，这些工具不仅受到 Beacon 等屋面材料分销商的欢迎，还被应用于整个工业领域。

就连你预订一份简单的早餐，也是新经济的一部分。美得彼（Middleby）、慧而特（Welbilt）等公司推动的商业厨房创新，使你的贝果面包和咖啡在几秒内就准备好了，而且新鲜可口。此外，还有一种温度调节包装在给你的贝果面包保温，这种包装由众多经过精心设计、具有特殊功能的先进材料制成。其中许多材料也有助于我们创造一个更健康、可持续发展的世界，比如希悦尔（Sealed Air）等公司生产的生物降解材料可以作为塑料的替代品。能让你的咖啡一直热气腾腾的杯子也不再使用塑料，它由纸而不是聚苯乙烯泡沫制成，内部衬有特殊涂层，隔热效果与泡沫相当，几乎不会对环境造成污染。

让我们再说说你第二天乘飞机回家的事，正是这些技术创新让你准时赶到了女儿的演出现场。你回程的时候外面正在下雪，但约翰宾技术（JBT）等公司提供的地面支持，协助你准时赶到了机场。飞机上因为配备了Dabico（运输基础设施解决方案提供商）等公司生产的空调系统，保持着舒适的温度。而且，要是缺少由创新3D（三维）打印技术制造的重要部件，飞机也不能飞行得如此快速、高效和安全。3D打印技术曾被许多人视为DIY（自己动手做）的工具，现已取得巨大进步，被广泛应用于工业领域。2020年，3D打印机的出货量达到210万台，预计到2028年将以每年20%~30%的速度增长。越来越多的工业公司加入了这场技术革命，其中航空航天工业最引人注目。谈到飞机制造，机身重量极为重要。而有了3D打印技术，以前需要几个部件组装的阀门现在可以被制成一个整体，这大大减轻了飞机的重量。

坐在女儿学校灯光昏暗的礼堂里，听着她唱《新的开始》时清晰的声音，你更要感谢工业科技。她使用的麦克风是由机器人制造的，其音质曾经仅为高端音响爱好者和音乐厅所有。

从你女儿使用的麦克风到你租来的汽车，综观生产制造的方方面面，大大小小的公司一直在推动创新突破，以使我们的生活每时每刻都更轻松、更高效，或者兼而有之。在过去的一段时间里，虽然劳动力市场因新冠肺炎疫情中断，但生产线还保持运转，为股东和投资者带来可观的回报，也为员工及其所在社区带来繁荣。它们扛过了经济衰退，保住了强大的经销网络，只是不像它们的科技同行那样被宣扬得尽人皆知。更重要的是，地缘政治变化、新冠病毒以及先进算法、人工智能、机器人、自动化等技术正在加速创新，几乎颠覆了整个工业。然而，缺乏对"钛经济"的韧性、强度和未来潜力的整体认识，可能会阻碍其发展。

"钛经济"是美国工业复兴的秘密武器，是第四次工业革命和美国与全球竞争对手激烈角逐时确保经济活力的关键。未来几年至关重要，因为美国"钛经济"领域的增长情况还远不能确定。投资者、决策者和公众必须认识到加大对这些公司投资的重要性，认识到"钛经济"的发展将给个人和社区带来多大的影响，包括创造更多高质量的就业机会和促进社区及整个地区的经济繁荣。如今投资者和媒体都痴迷于数字化，但我们认为制造业的进步才是21世纪更强劲的增长引擎。数字革命并没有取代生产制造。事实证明，生产制造仍然是创造财富、改善社会的关键部分。

作为工程师——阿苏托什和戈拉夫是机械工程师，尼克是化学工程师——本质上我们就是解决问题的人，在进行理论研究并把研究结果付诸实践的过程中获得特别的快乐。这也正是我们投身工业以及合著本书的初衷。我们希望有更多的人能深入了解

"钛经济"带来的社会效益。

我们三人在职业生涯中把大部分精力花在研究"钛经济"公司上,最后加入了麦肯锡公司,在这里我们满怀热情地工作,尽管走过的道路各不相同且充满意外。

随着互联网的繁荣发展,我们也成为专业人士,那时的硅谷在召唤每一个人。尼克的第一次求职面试是在当时还不知名的小公司美国在线进行的。那时该公司还未开始提供商业服务,尼克在面试时不得不问:"你们是做什么的?"他记得事后曾对自己的母亲说:"为什么会有人想要发送电子邮件?我喜欢从邮箱里取邮件。"需要说明的是,那是在 1993 年,电子邮件还没有大规模流行起来。尼克希望与看得见、摸得着的产品打交道,于是进入了一家生产汽车催化转换器的公司。加入麦肯锡以后,他开始与半导体制造商合作。如今他已经成功踏入科技领域,这种科技人人都摸得着。

阿苏托什是 2000 年来到硅谷的,当时这里充斥着各种各样的创新。只要拿起报纸或杂志,你就会看到整版有关创新的炒作。根据新闻报道,你会认为这一切只发生在方圆 50 英里[①]内的少数科技公司之中。但阿苏托什很清楚并非如此。在来到北加利福尼亚州之前,他在克利夫兰众多以中西部为基地的工业公司工作过一段时间。那里的人很少谈论创新,但他看到那里每天都

---

① 1 英里 ≈ 1.6 千米。——编者注

在创新。这件事给他留下的深刻印象难以用笔墨来形容。

戈拉夫第一次去硅谷是以失败告终的。2001年，他考上了斯坦福大学，准备在2002年入学，但随着"9·11"恐怖袭击事件的发生，所有印度留学生的签证都遭到拖延，他的美国梦也化为泡影。后来，他成了联合利华的一名管理培训生，虽然从没想过会去工厂工作，但仍被派往印度沿海小镇的一家制造厂。在那里，他很快了解到了工业的重要性。这座拥有20 000人口的小镇依靠制造厂维持生计，每当工厂因维修而不得不关闭时，即便只是安排在周末，戈拉夫也能感觉到人们的焦虑。他至今仍对工业制造影响现实世界的这一幕记忆犹新。

我们一进入麦肯锡，就开始与工业科技公司合作，并被它们的工作和不断创新的热情深深吸引。被折服的人不止我们。该领域并不是大多数公司新员工的首选工作目标——他们通常将目光投向银行业、零售业或沿海的科技公司——但我们一次又一次地看到，被指派与制造公司合作的新员工最终变得充满激情，就像我们一样。如果知道将要前往一家总部设在南加利福尼亚州辛普森维尔或佛蒙特州拉特兰的公司，这种激情就会变成兴奋。他们一到地方，就能感受到这种隐形经济的蓬勃朝气和这些公司所做工作的重要性，眼界和思维都豁然开朗。

用一位客户的话来说就是，工业公司与高科技公司相比，一个在地，一个在天。反正我们不会是什么北斗之尊。但你能想到吗，我们更愿意投身于这份"地底工作"，因为它是经济发展的重要支撑。何况"钛经济"的领导者可不会因为没人奉承就葬送自己的伟大事业。

一旦你开始深入探究"钛经济"的创新成果，就会忍不住对它们悄无声息改善人类生活并促进经济积极运行的方式发出赞叹。这些故事说明了"钛经济"是如何在无形中创造价值的，现在是时候将这种经济奇迹公之于世了。让投资者和决策者了解其当前的活力和增长的潜力很重要，将求职者吸引到这些公司也很重要。这些公司的人才缺口很大，亟须填补。而填补人才缺口，以及通过政府规划获得更多投资和支持，对于工业部门充分发挥其潜力至关重要。出于种种原因，这对国家的未来也至关重要。

美国正在失去竞争优势

美国在世界"工业大战"中面临许多竞争。

例如，中国在支持大型新兴研究中心方面投入的资金庞大。德国的弗劳恩霍夫研究所拥有76个专注于应用创新的技术中心，部分由政府支持。在学术界和工业界流动的人员中，韩国研究人员所占比例最高，这也激发了该国的工业创新。而对于有意转型为智能工厂的中小企业来说，韩国人工智能制造平台（KAMP）是最好的选择，该平台由国家研究机构与政府合作开发，促进了生产力的提高。新加坡秉持"动手、动脑、用心"的理念，努力重塑职业教育，成功吸引了年轻人。目前，新加坡排名后25%的高中里有90%的学生进入技术学院学习，并在毕业后找到了高薪工作。而在美国，排名后25%的高中生辍学的风险比其他群体高得多。

与此同时，美国在赞助大学和联邦实验室的合作关系方面并未保持领先地位。美国需要一个强有力的国家战略来推进工业科技发展，要像其他国家一样加强学术界和工业界之间的合作。虽然奥巴马政府出台了美国制造业计划（MUSA），以促进政府、工业界和学术界在先进技术方面进行更多的合作，但美国制造业计划只包括16个研究所——每个研究所专注于一种特定的先进技术，如机器人等。此外，与其他领先的制造业国家相比，美国制造业计划的资金水平较低。公共部门对美国制造业计划的资助通常为每年7 000万美元到1.1亿美元。相比之下，德国每年为弗劳恩霍夫研究所提供近10亿美元公共资金，加上工业合作伙伴的研究费用，每年达到33亿美元。

随着国际社会越来越重视对工业科技创新的支持，该领域有望爆发，美国不仅要跟上发展的步伐，而且一定要超越并领先。美国在21世纪的经济增长必须以制造业为主导。我们对硅谷创新的关注和投资过多，却忽视了工业科技行业潜在的当前和未来价值。毫无疑问，数字革命是创新和增长的强大引擎，但新冠肺炎疫情造成的供应链中断表明，制造和运输产品仍然是经济繁荣的基础。

媲美科技五巨头的收益率

"钛经济"不仅被轻视,还被低估。希望读者朋友(其中肯定有人投资了科技股)也向证券商了解一下工业科技公司的情况。2015—2020年,在我们为撰写本书而研究的公司中,有将近一半的工业科技公司的表现高出标准普尔指数,甚至有多家工业公司的收益率可以与著名的科技五巨头(脸书、苹果、亚马逊、网飞、谷歌)相媲美。例如,使用塑料袋制造装饰材料的Trex,其股价在过去10年里上涨了近5 000%,超越了科技五巨头和标准普尔指数。10年来,Trex的股东总回报复合年均增长率达39%,而科技五巨头中表现最好的网飞,其复合年均增长率为36%。假如你在世纪之交时向"钛经济"公司美得彼(我们稍后会在书中讨论)投资1 000美元,到2015年你将获得近10万美元的回报——远远超过同期向苹果、谷歌等知名科技股投资1 000美元获得的回报。

在新兴"钛经济"中角逐的美国上市公司约有688家,私营公司约有3 440家。其中很多公司虽然小,但斗志昂扬,懂得立足本土参与激烈的国内和全球市场竞争。大约80%的上市公司是中小型企业，销售额为10亿~100亿美元，员工人数为2 000~20 000人。很多私营公司为家族或私募股本所有，而在跨领域按收入排名的前1 000家私营公司中，工业公司占到了38%。这380家私营工业公司的年收入总和约为2 500亿美元，在2013—2018年这5年时间里，复合年均增长率为4.2%，超过了标准普尔500指数成分股公司，后者的复合年均增长率为2.9%，这进一步提升了工业部门在美国经济中的重要性。

我们的研究进一步说明了"钛经济"的实力，据统计，90%的"钛经济"公司是赢利的，在我们研究的10家公司中，9家公司的投入资本收益率超过6%。这意味着企业不必持续支出或借贷。事实上，大约85%的工业公司拥有相对较低的资本支出和研究与开发模式。尽管如此，用Bulk Handling Systems（回收设备和综合材料回收设施供应商，简称BHS）的首席执行官史蒂夫·米勒的话来说，华尔街还是对该部门不屑一顾。"我们运转顺利，税息折旧及摊销前利润为正，应该更值钱才对，"他说，"但一些银行仍旧告诉我们：'不，你们的价值不如科技公司。'"BHS公司使用先进的人工智能和机器人设备进行回收，使垃圾分类更加高效、经济。史蒂夫·米勒对于他的公司未能像应用机器人技术的硅谷公司那样得到赞誉深感失望："还是开办一家科技初创公司好，就算没有经得起考验的产品也无所谓。"

实际上，工业科技公司作为不懈奋斗的创新者并未得到应有的赞誉。没错，硅谷的科技公司创造了手机、搜索引擎等让人难以想象的产品,但工业科技行业接受并推行新技术的热情与苹果、谷歌等公司不相上下。

简而言之,明智的投资者需要将注意力转向这一核心领域,因为"钛经济"公司能以小资本"撬动"大绩效。它们建立了稳固的商业模式,与同行和关键供应商达成了长期合作,包括在当地高等院校开展培训和教育,使公司拥有源源不断的人才。它们的飞速发展需要更多员工,而现有的人才渠道还不够多。

今天的工厂已然改变

"钛经济"好比孩子中不得父母欢心的老二,仍然受 20 世纪 80 年代经济紧缩及其后果的影响。如果工厂停产,整个社区就会变成一潭死水:长期雇用的工人遭遇裁员,一些年轻人因为找不到工作而远走他乡,一些人想要继续深造以成为白领。"空心化"给美国人留下了深刻印象,至今我们还觉得美国制造业复苏无望。公众当然不能因为没有意识到工业部门的强劲复苏而受到指责。媒体、权威人士及分析师津津乐道于每一条与软件和社交媒体巨头有关的新闻,但却对工业科技经济的韧性和复苏情况视而不见——然而,正是工业部门在抚平社区的创伤,以打破分析师预期的方式创造了工资远远高于美国服务业和零售业大部分工人的就业岗位。

由于新闻报道的缺失,工厂在大多数美国人脑海中的形象还停留在 1979 年的电影《诺玛·蕾》中描述的那种极度嘈杂、危险的车间,汗流浃背的工人在肮脏、笨重的机器的轰隆声中叫嚷,或者满脸油污俯身在装配线上。肉类加工厂、服装厂和化学加工厂过去发生的虐待行为让美国国民印象深刻。但工厂的性质已经变了,有力的工作场所保护措施和高科技设备使工厂变得洁净、安全,而且生产率极高。

工业劳动类型的多样性也无人了解,大多数美国人只知道几个主要行业,如采矿、汽车制造、工业化农场和航空航天。这是因为上述工业行业,尤其是它们所面临的困难,受到了媒体极大的关注。例如,在2008年全球金融危机期间,尽管各行各业都在苦苦挣扎,但只有汽车行业走进了公众的视野。

新闻报道中对工业遭受冲击的强调,意味着千禧一代和Z世代这两代人,几乎意识不到制造业仍然像过去一样,是实现中产生活的路径和安享退休的保障。现在的美国人大多从未进过工厂,也从未听说过形式多样的贸易类型。总部位于密尔沃基的布雷迪公司对自家工厂进行了改造,使其成为光洁明亮的高科技制造业的典范(我们稍后会在书中介绍)。公司首席执行官迈克尔·瑙曼表示,当他儿子邀请一群20多岁的朋友来工厂时,他们都问:"工厂是什么?"他遗憾地说:"年轻的本地企业家更愿意开咖啡店而不是机械厂,尽管后者成功的机会更大。"

年轻人对工业缺乏了解,使制造商很难招到员工。布雷迪公司指出:"这是一个巨大的误解……就工业工作的好处而言,它们提供稳定的就业、高工资和职业发展道路。但我们还是看到许多两年制和四年制的大学毕业生选择成为咖啡师,而不考虑在工厂工作。"实际上,"钛经济"领域的平均工资是服务行业的两倍多——前者年薪是6.3万美元,后者是3万美元。前者工作环境一般也很舒适，光线明亮、技术先进。很多公司制定了新的工作场所管理制度，甚至还实行员工所有制。

我们认为，当今"钛经济"中的职业机会一如既往地支撑着通过努力奋斗获得成功和经济保障的美国梦。高中辍学者可以接受在职培训，取得普通教育文凭，随后寻求福利优厚的高薪工作。没有大学学历的生产线管理人员挣到的钱足够养活四口之家，还能给孩子上大学存一笔教育金。在一家成功的工业公司工作的秘书，退休时可以拿到400万美元养老金。如果你是一名毕业于麻省理工学院的优秀工程师，或是一名斯坦福大学的工商管理硕士，你当然可以去一家大型科技公司研究某种可能会也可能不会改变世界的算法，但这样的公司只有不到100家可供选择，而且竞争相当激烈。相反，"钛经济"领域4 500家工业科技公司从上到下的空缺职位很多，而且这些公司都是其所在社区的支柱产业。在这些公司中，你有无数机会发挥自己的才能，从而影响同事们的生活，以及美国乃至全世界人的生活，甚至是拯救地球。

简而言之，找到好工作的机会很多，因为"钛经济"公司通常会创造很多新的工作岗位。很多媒体都在强调工作将被人工智能和自动化取代，但对熟练制造业工人的需求实际上正在增长。

良性增长循环

"钛经济"这个秘密武器不仅适用于工人及其家庭,显然也适用于社会经济条件的改善。大力发展该领域会对整个经济产生巨大影响,解决经济增长和长期减贫带来的许多问题,这些问题几十年来一直困扰着决策者和政府官员。而美国各地的"钛经济"工厂所在社区已经做出了积极的反应。

如果想知道在哪里可以找到这些"钛经济"公司,请看看周围吧。就在你走的这条路上,或者在你两个小时车程以内,很可能就有4 500家工业科技公司中的一家。例如,除了布雷迪公司之外,你会发现密尔沃基还散落着另外40家公司。美国任何一个中等城市附近都至少有10家。与过去的高科技、金融甚至制造业不同,"钛经济"没有中心:它不局限于任何一个地理区域,而是分散在美国各地。在其所在地区,"钛经济"公司正在创造一种我们称之为"伟大的放大周期"的现象,即当人们拥有一份收入高于生活支出的工作时,就能买得起房子,去度假或看电影,到高档餐厅用餐。这会让他们的社区繁荣起来,赢得宜居地的美誉,于是不同类型的人会蜂拥而至,人才库自然也变得多样化。这些富有创造力而又踌躇满志的人才转而会推动更大的创新，因为有了不同的视角，就有了不同的解决问题的方法。这无疑形成了一个良性循环，即更多的利润和财富将被分享。

此外，这些公司大多在各自的社区存在了很长时间，十分关心地方民生。它们的员工横跨几代家庭成员，父亲、母亲、儿子、女儿、姑妈、侄女和侄子常在同一家公司工作。这不足为奇，长期供职伴随着向上流动，很多人会在这些公司里担任不同的职务。我们见过不少从车间一线做起的首席执行官和高级管理人员，这里所说的"车间一线"不是婉言，而是荣耀的象征。

那些在一代人或更长的时间里成为一个城镇或一个地区的经济支柱，并打算继续留在那里的公司，是服务保障进而加快推动当地经济健康发展的既得利益者。其中许多公司是家族企业，而这些家族以服务其所在社区的健康发展和总体福利而感到自豪。这些公司与社区建立紧密联系，产生的影响之一便是出于保护员工家乡的强烈责任感推动了重大环境治理创新，我们将在随后的章节中进一步探讨。

就更大范围的全国性连锁反应而言，我们认为"钛经济"不仅能重振美国作为制造业领导者的实力，而且能平衡美国的经济，遏制并最终扭转近几十年来加剧的社会分化和收入不平等现象。本书认为，美国经济的发展与工业部门的命运休戚相关。工业公司陷入困境或倒闭，可能会给生产率带来严重的负乘数效应。按人均计算，制造价值平均每下降10%，收入不平等就会增长13%。支持"钛经济"扩张,有助于矫正最近几十年来不断加剧的收入不平等问题,为落后人群带来创造财富的机会,从而重振美国经济。但只有认可其潜力的人足够多(从工人到投资者),这个前景才会实现。

机会稍纵即逝，抓住良机

留给美国的时间不多了。我们判断，在保护和投资"钛经济"方面，未来5年具有决定性意义。美国的创新正在为世界创造财富，而城镇仍旧一只脚踏在经济坟墓里。半导体制造业在中国台湾蓬勃发展，中国企业宁德时代控制了全球电动汽车电池市场，为特斯拉以及许多美国产品生产电池。

美国正处于应对"钛经济"挑战的十字路口，正如我们在20世纪90年代处于互联网经济的十字路口一样。选择很简单：是顽强跟进，还是甘拜下风？

可惜，民众对工业科技行业的长期误解被金融机构的低估进一步放大，而对该行业创新和发展潜力的轻视使我们未能充分利用其带来的好处。比如，目前进入工业科技领域的风险资本还不到1%。这些都是要纠正的问题，因为现在是巩固工业基础的最佳时机。

一旦知道该往哪里看，你就会看到"钛经济"及其创造的新机遇。采取行动的时刻到了，我们相信本书可以指明方向。书中将介绍"钛经济"的关键参与方，展示它们是如何通过不懈努力创造卓越价值的，并为促进未来经济大幅增长献计献策，使美国再次成为制造业领域的领导者，占据竞争优势。

第二章

主场优势

2018年,埃隆·马斯克在特斯拉Model Y车型发布会上说过一段令人难忘的话:"问题不在于汽车设计,而在于生产系统。想做好的产品很简单,难的是生产制造。"

这是马斯克的亲身体会。为了完成Model Y车型的订单,他曾带领团队在临时搭建的帐篷里夜以继日地工作。就在我们撰写本书期间,特斯拉等汽车制造商正面临一场新的危机。自2021年以来,半导体芯片的严重短缺已经威胁到正从新冠肺炎疫情中复苏的脆弱经济。

乍一看,你可能认为,芯片短缺只会真正影响计算机行业和苹果、微软等大型科技公司,但其实我们习以为常的许多生活必需品都离不开芯片。例如,汽车需要它们调节速度表和防抱死刹车,信用卡需要它们更改每笔交易的安全协议以防止欺诈。从洗衣机、烟雾探测器到灯泡、电动牙刷,每一样东西都少不了芯片。没有芯片,起搏器、磁共振成像设备、血糖检测仪等重要健康检测设备就无法运行。但凡"智能"的设备（它们在这个时代统治了我们的生活），都要依赖芯片。

联邦政府在2022年2月发出警告，由于供应链出现危机，美国制造商的芯片出货量仅可供未来5天使用，而2019年则为40天。这个问题亟待解决。政府正与港口运营商、工会、零售商和工业公司合作，以消除供应链延迟问题，但高德纳公司的一位分析师指出："代工厂正在提高晶圆价格，导致芯片公司也在提高芯片价格。"这意味着即使制造商拿到了芯片，也会面临价格上涨问题。恐怕在最乐观的情况下，芯片的严重短缺也会持续很长一段时间。就需求大于供给的汽车生产来说，许多消费者要为每辆新车支付数千美元的"供应链费用"。与2021年相比，2022年1月美国经销商的新车库存同比下降了62%。

就连实力强大的特斯拉也宣布，由于芯片短缺，不会在2022年推出任何新产品，期待纯电动车型的皮卡爱好者只能继续等待。那么，在供应链出现危机的不稳定时期，特斯拉是如何在2021年生产出近100万辆电动汽车的呢？

特斯拉库存了大量芯片，尽管它们与公司当时生产的汽车并不兼容。当合适的芯片无处可寻时，特斯拉的工程师只好改变思路：重新开发汽车软件，以便兼容现有的芯片。特斯拉之所以能够采取这一出人意料的举措，是因为其拥有自己的计算机程序员队伍。他们开发新软件，使之适应备用硬件。这是特斯拉不断追求垂直整合的典型事例，用马斯克的话来说，它达到了"荒谬"

的高度。

越来越多的制造商开始接受新的思维方式，在可能的情况下选择自己生产零部件，同时收购供应商，并在国内进行生产。供应链危机加快了这一趋势，给那些找不到货源、不得不重新评估其供应链的制造商敲响了警钟。事实上，整个行业已经意识到，虽然境外生产能够节约成本，但也意味着容易出现不可接受的失控情况。

我们已经在半导体芯片问题上看到了这种情况。现在不仅制造商感到郁闷，就连美国政府也开始察觉美国经济变得过于依赖外国供应商，更不用说军事了。全球最大的芯片制造商之一英特尔被敦促加大生产力度，提高在美国的产能。英特尔计划耗资200亿美元新建两家芯片工厂，以确保美国不再出现芯片短缺的情况。芯片短缺正在促进投资。

在重振芯片业方面的努力反映了很多行业的现状。今天是计算机芯片，投资得当的话，明天就可能是锂离子电池（中国也在布局），或者先进光电生产的关键环节（欧洲几乎处于垄断地位）。先进的光电产品是手机、平板电脑、计算装置的显示器的基础，对精密制造业乃至整个数字经济都至关重要。

随着先进技术在工业产品中的应用越来越普遍，我们预计会有更多的工作机会回到美国。为什么？因为越来越复杂的产品和越来越精密的制造需要更多监管，当工程师和科学家下沉至车间一线时，质量控制方面的巨大收益就能实现。许多"钛经济"公司都知道把业务留在国内的价值,已经将工厂改造成整洁明亮的高科技制造场所,为上至设计和工程团队,下到车间一线的劳动者提供优越的工作条件。

新型工厂

走进布雷迪公司位于密尔沃基西北侧好望路的主厂房大门，你首先注意到的可能是噪声，更确切地说是没有噪声。

沿着走廊继续往前，你会看见主车间里立着一排四四方方、功能各异的机器，正在消音塑料防护罩后面打孔、打印、冲压和进行组装。几名员工穿着常在盖璞（GAP）服装广告中出现的马球衫和斜纹棉布裤，通过LED（发光二极管）显示屏监管机器，而不是在传统装配线的叮当声中大声叫嚷。

谈笑声在干净明亮的车间里回荡，柔和的LED光线映照在浅蓝色和奶油色的墙壁上，产品则整齐地堆放在高端直销店内。事实上，这里洋溢着家得宝卖场的氛围。

许多"钛经济"公司已经将工厂改造成整洁的员工友好型场所，布雷迪公司只是其中之一。在此过程中，它们将先进技术融合于工作流程，实现了精益流程改进，同时通过增强现有岗位的吸引力来激励员工。当媒体对制造业经济的报道集中在向东方转移和所谓的"铁锈地带"衰落时，美国制造商正在重塑其商业的方方面面。

在大幅提升工厂效率之外，"钛经济"公司还优化流程，允许客户以新颖的方式与其互动。它们引入新的产品设计和制造的方法，提高设计师和工程师的工作效率，并面向广大员工征集产品创新思路。

布雷迪公司首席执行官迈克尔·瑙曼推动了这一变革，改造前的设备笨重粗陋，只能用扳手和螺丝刀修理，靠旋钮、撬杠和调节器控制。如今，布雷迪公司用隔音箱密封自动化机器，将操作细节以数字化方式传送到操作员的电脑屏幕上。"这就像你的汽车，"瑙曼说，"年轻时，我能爬进我的1974年款克莱斯勒纽波特车里修理引擎。现在的汽车发动机上都贴着一张封条，提醒你如果破坏了封条，保修就会失效。所以，我甚至都不知道塑料壳下面是什么。我们的新设备也是如此。"

在瑙曼的领导下，成立于1914年、以生产促销日历起家的布雷迪公司已发展成一家领先的高性能标识、安全设备、印刷系统和软件制造商，涉及电子、电信、制造、电气、建筑、航空航天和医疗保健多个领域。这家公司拥有约5 700名员工，目前的年销售额为10亿美元出头，市值约为30亿美元。这种成功建立在不断创新和适应市场需求的基础上，我们研究的许多"钛经济"公司都是如此。

第二次世界大战期间，布雷迪公司找到了一种巧妙的方法区分船舶、飞机和其他设备上的电线，维修时既方便、安全，又可以保护电线免受极端环境的影响，并由此取得了巨大成功。该公司的专利产品——电线用自粘胶带，可以承受停机坪150华氏度①的高温和37 000英尺②高空的严寒。

借助这款产品，布雷迪公司创造了一系列工业识别产品，这些产品在美国的战后繁荣期需求量成倍增长，并延续到接下来的几十年里。布雷迪公司的主要客户之一美国国防部，至今仍在使用电线胶带，但其客户已扩展到广泛的工业领域。在医院出生的新生儿可能会被戴上一个识别手环，以确保只有特定的人才能靠近。布雷迪公司的识别标签嵌入了全息图等安全协议，也被制药公司用来预防假冒产品。

这两种甚至更多产品都是2014年瑙曼上任之后创造的。瑙曼还推动了公司车间的改造，将其变为面向客户、焕然一新的工作场所。他上任不久，布雷迪团队就开始对工厂进行大修，不仅安装了新设备，还翻新了破旧、阴暗的建筑，使它们散发出一种积极的气息。"我们粉刷了自1960年以来就没有粉刷过的墙壁。"瑙曼说。他还给车间装上了更节能、更有利于眼睛健康的LED照明系统。"如果环境又黑又脏，那么你技术再好人们也看不到，"瑙曼说，"我们不仅要具备技术驱动的产品和流程，而且要把它们展现出来。这样，我们的客户、供应商以及未来的员工一走进来就会说：'哇，这些家伙是认真的，这里充满了科技感。'"

瑙曼还利用技术为客户提供更优质的服务。结合机器人、自

---

① 100华氏度≈38摄氏度。——编者注
② 1英尺≈0.3米。——编者注

动化和人工智能技术，布雷迪公司构建起一个交互界面，使客户可以在线设计电子标签、锁定器、定制标志等产品，根据他们的需求进行调整，然后给出成本报价。一旦产品被订购，指令就会自动发送到生产车间。小机器人在工厂里跑来跑去，将一箱一箱的产品送往装卸区，以便快速发货给客户。

"未来，像我们这样的公司还会进一步整合软件和客户界面。"瑙曼预测，并补充说，客户越来越渴望获取更加便捷的交互界面和联机调整订单的能力。系统集成对于提供这种定制服务和实现最高效率至关重要。瑙曼说："我们的电子阅读器、电子扫描仪、光学扫描仪和打印机系统一同工作，因此产品在制造过程中可以快速移动。"

与此同时，客户可以随时与销售代表沟通。"我们的客户服务评分很高，因为即使有聊天机器人等人工智能应答程序，客户也可以联系到人，"瑙曼说，"任何不通过人来解决问题的公司都大错特错。"

瑙曼认识到，自动化程度的提高将增加许多工作岗位。他说，有一位员工15年前参与建造了一台机器，之后一直负责这台机器的维修保养。"没有别人，"瑙曼说，"他感到无比自豪。"瑙曼还传达了一种信念，即基层员工参与创新、参与建立客户关系，这在"钛经济"公司中很常见。他这样评价雇员："他们是变革过程中不可或缺的一部分，也是客户服务体验中不可或缺的一部分，可以参与任何决策。"

高度敬业的员工

固瑞克公司鼓励每一名员工为团队或部门的创优出谋划策，还建立了奖励机制。固瑞克公司是一家流体设备制造商及相关解决方案提供商，如将花生酱注入罐中、把鞋底粘到鞋子上、给车辆喷涂油漆等。公司每季度都会举行一场比赛，所有员工都可以参加，提出与其工作相关的改进建议。固瑞克公司会给予最佳建议现金奖励，并向全公司公布获奖名单。我们不妨把它叫作"合力盖谷仓法"。固瑞克公司的包容性文化有利于提高员工的敬业度。

固瑞克公司曾多次入选《财富》杂志"制造业和生产领域最佳工作场所"前10名，该榜单根据全球职场文化权威机构最佳工作场所（Great Places To Work）对上万名员工的调查而产生。调查显示，90%的员工认为固瑞克公司是很好的工作场所。这也让该公司获得了众多求职者的关注。

我们敢打赌，很少有人会把"流体控制"列入值得关注的热门行业，但这一重要利基市场多年来的表现确实优于其他行业。固瑞克公司便是流体控制领域的引领者。

1925年，拉塞尔·格雷在明尼阿波利斯市中心管理一个可提供润滑服务的停车场。但在寒冬季节的明尼苏达州，给车加润滑油变得具有挑战性，因为油脂硬得几乎不可能手工泵出。为了解决这个问题，拉塞尔设计了一种气动增压润滑油枪。1926年，他和他的兄弟雷尔创立了格雷公司，即现在的固瑞克公司。

如今，流体控制仍然是固瑞克公司的核心技术之一。使用这种技术可以将花生酱注入罐中，将墨水泵入笔里，并确保在每个胶囊内放入适量的药物。很多制造商都要用到它。这家总部位于明尼阿波利斯的企业，在众多公司的供应链中发挥着重要作用，已成为流体控制领域的巨擘，2015—2020年的投资收益率均高于脸书和谷歌。

固瑞克公司的总裁兼首席执行官马克·希汉及其团队以提供精度性能为己任，这也是固瑞克公司并未效仿其他公司将生产转移到海外的原因。希汉说："控制好生产能减少许多风险。"

负责固瑞克所有制造以及油气业务的运营执行副总裁安吉·沃德尔介绍了公司的整体运营情况。沃德尔对固瑞克公司旗下的每一家工厂都了如指掌。1996年，她加入固瑞克公司成为一名实习生，后来一路晋升，管理过公司的大部分业务部门。她解释道："我们对原材料进行大量机械加工，经过材料成型、涂层处理、焊接、组装，最后发送给客户。所有部门都按照同样的模式、同样的方法运作。"

虽然固瑞克公司在中国苏州开设了一家工厂，但鉴于其产品线之繁、细分市场之多,进行大规模转移生产并不合理。"我们制造的产品,单款的产量没有数百万之巨,"希汉解释说,"一些制造商将生产转移到境外,是因为它们的产量太大了,需要很多的劳动力投入,而我们的产品线属于大宽度、小深度。"虽然公司可以通过在中国生产来降低劳动力成本,但是种类繁多的产品意味着将产生更高的运输和物流成本,而不是规模效益。

此外,该公司的文化根植于DIY基因。它们制造的每一款产品都要经过广泛的评估,以确定应该在国内生产还是在境外生产。虽然这比将部分零件外包给低成本生产商价格更高,还要确保所有零件符合公司严格的标准,但这套体系允许按需定制。即使是购买的零件,固瑞克公司也会进行处理。沃德尔举着一块从竞争对手那里买来的金属解释道:"我们会使用计算机数控机床在客户要求的交货时间内将这样的东西加工成质量更高的零件。"

固瑞克公司的员工之所以高度敬业,原因之一是管理层建立了合作文化,比如确保公司的工程师和设计师协同工作。沃德尔说:"设计师绝不会将图纸扔给工程师了事。相反,两个团队合作的前提是,只要设计师想得到,工程师就要做得到,但他们必须协同行动。"这种设计和工程之间共同解决问题的协作关系,是固瑞克公司成功的核心和秘密武器。相比而言,很多制造企业为设计师和工程师在产品开发上产生的分歧和沟通不畅付出了生产延误的高昂代价,更不用说人际关系方面的大量摩擦了。而在固瑞克公司,由于高效的团队合作,生产问题从源头上就被解决了。

公司还在一线工人中培养创新合作精神。沃德尔表示，每家工厂都有自己的方案。通常的做法是由团队提出某项挑战，然后邀请车间操作员提出改进方案。"假如我们发起安全挑战，就会要求员工提出改进安全措施的想法。我们也会发起质量挑战、成本节约挑战。"

"因此，我们总能得到切实可行的建议。每次都是。随后，我们将挑战情况记录下来，分享给其他工厂学习并落实。这样做有两个好处，既可以鼓励员工跳出固有的思维模式，又可以将持续改进植入企业文化。"沃德尔说。这种精神特质在固瑞克公司成立之初就有了，当时现场销售人员会与客户一起解决问题并创造定制产品。而正是这种亲身实践、实地解决问题的方式造就了现代社会。

每个业务部门都被鼓励创新，固瑞克公司的团队不断开发新的应用程序和产品。"我们制作了一张显示公司业务部门在过去几十年里产品演变的图表，"希汉说，"它看上去就像蜘蛛网。我们做出一款产品，再演变出另一款产品；我们采用一项技术，再将它推向另一个新的行业。产品研发始终处于公司核心，也是推动公司发展的主要动力。"这种有机创新不仅有利于公司经营业绩的提升，还能激发员工为公司工作的自豪感。

保护核心

沃茨水工业是另一家从自主制造关键零件中受益的"钛经济"公司。它成立于1874年,最初是新英格兰的一家小型机械厂,现已发展成跨国企业,销售用于管理商业和住宅建筑中水和能源流动的产品与系统。沃茨水工业拥有约4 000名员工,2021年的收入为18亿美元,市值50亿美元。

1959年,沃茨水工业在新罕布什尔州富兰克林市开设了一家铸造机械厂。2013年,沃茨水工业扩大规模,又开设了一家占地3万平方英尺的铸造厂,制造公司生产所需的重要材料无铅黄铜。2014年,罗伯特·帕加诺加入沃茨水工业并担任首席执行官。他在审视公司整体情况时发现,铸造厂并未达到最佳生产状态,尤其是在考虑到该领域所有新技术和工艺进步的情况下,于是他做出了一个具有先见之明的决定,即加大铸造厂此前已经进行的一项重大投资。他向外界(包括前任雇主)征求相关专业建议,以帮助稳定和改造工厂。此外,沃茨水工业还投入大量资金升级和改造自动化机械车间。

"这家工厂现在是美国最重要的无铅管道铸造厂之一,"帕加诺告诉我们,"因为没有其他公司干这行。"帕加诺另辟蹊径,转换视野从客户的角度看待业务,促使铸造厂提高本地加工能力,帮助沃茨水工业度过了供应链危机。"新冠肺炎疫情发生后,所有的供应链都中断了。在这段充满挑战的时期,我们依靠北美的铸造厂和机械车间维持生产,"帕加诺回忆说,"通过团队的专注服务,我们能够为客户提供他们所必需的产品。"

帕加诺的领导体现了"钛经济"公司内部业务转型的灵活性。垂直整合和战略聚焦正在推动企业持续发展,对于那些还未行动的公司来说,这也是一个榜样。

帕加诺刚到公司时,就告诉他的团队:"你们必须先保护好核心业务周围的一切。只有这样,才能扩张。"起初,依赖传统业务和单一来源采购的管理层抗拒态度明显。帕加诺描述道:"刚开始的时候,我们制定了13个新产品开发流程,但没人遵循。他们将客户而不是终端用户的声音视为准绳。因此,我们必须改变这一点。"

重塑沃茨水工业的策略还包括简化和标准化公司流程,并在可能的情况下强化现有企业资源计划系统。此外,公司还设计了一个商业智能系统,用于监管现有的企业资源计划系统,使帕加诺的团队可以查看涉及产品、客户和渠道赢利能力的关键信息。帕加诺说:"这很重要。有了标准化的报告和数据,我们就能培训更多的人用同样的语言沟通,用同样的标准做事,而不是各自为政。"

帕加诺还组建了一支新的高管团队，他们注重创新、现代化、生产弹性、客户服务和卓越运营。"在我上任前，只有销售团队能拿奖金，管理层一分钱都没有，"他说，"目标和激励并不一致。"另外，帕加诺还要求公司在并购上谨慎行事。"我们在为并购压榨核心业务。公司各个方面都走在前列，但外界都在抨击我们眼里只有并购，忽视了核心产品的现代化。"想起在前公司，一笔 1 000 万美元的资金申请了一年才获得批准，帕加诺希望加快沃茨水工业的决策速度。"现在我们几天内就能完成，"他说，"我的观点是，做决定就得灵活、快速。即使没有掌握全部信息也没关系，只要有 85% 以上的信息和一支经验丰富的团队，事情就可以马上开始推进。犯了错误也没关系，只要迅速承认、公开并改正就行。"

过去 5 年的业绩表明，沃茨水工业仍在蓬勃发展。事实上，2015—2020 年，它的股东总回报的复合年均增长率达 21%，可以与科技五巨头相媲美。

虽然特斯拉凭借富有远见的生产模式吸引了媒体和华尔街的关注，但它并不是唯一。沃茨水工业的敏捷领导、布雷迪公司的坚持不懈、固瑞克公司的积极进取，以及众多"钛经济"公司对创新驱动价值的拥抱，让我们相信真的可以实现新工业化时代的前景，孵化培育 1 000 家像特斯拉这样的公司。

第三章

漫漫征途

1975年4月一个清冷的早晨，道格·卡塞拉抱着一杯唐恩都乐咖啡爬上他的皮卡车，准备去佛蒙特州拉特兰的几个顾客那里收垃圾。他用高中打零工攒的钱，加上卖掉自己爱车的钱买了这辆皮卡车。这被证明是一项睿智的投资，道格的事业迅速发展了起来。

创业不久，道格就对他的哥哥约翰说："你应该和我合伙。"当时约翰正试图在房地产行业闯出一片天地，他感觉机不可失。出于兄弟情谊，他并没有犹豫。与许多"钛经济"公司的创始人一样，卡塞拉兄弟在1997年公司上市后仍然大权在握。目前，约翰担任公司首席执行官，道格担任董事会成员，兄弟二人继续领导公司的发展。

我们经常能在美国东北部看见印有卡塞拉废弃物系统公司（Casella Waste Systems）标志的卡车。该公司不仅是当地首屈一指的废弃物处理公司，更是 ESG（环境、社会和公司治理）领域的领军企业，在回收和可再生能源生产方面大胆创新，利用人工智能机器视觉等突破性技术大力推进实现可持续和无废弃物的未来这一目标。

卡塞拉兄弟之所以能够取得成功，是因为他们坚持不懈追求创新亮点，发现了被业内多数大公司忽视的黄金机会，结合先进技术与传统工艺，坚持创新。可持续发展的未来不仅取决于以安全环保的方式处理废弃物，还取决于能否找到重新利用废弃物的方法，包括将其转化为清洁能源、肥料以及许多其他类型的新产品，就像卡塞拉兄弟正在做的那样。

然而，无数创新者的独特贡献及其创造的惊人收益与回报大多被媒体忽视了。尽管废弃物管理方面的进步并没有成为晚间新闻，回收利用从经济角度来说也经常被认为不切实际，甚至在头条新闻中被报道为"必死"行业，但卡塞拉公司等"钛经济"创新者的实践证明，废弃物处理实际上是一个成熟行业，可以赚取令人羡慕的利润，同时还可以保护地球环境。

卡塞拉从两个人的公司发展成"钛经济"领域的佼佼者，并没有追逐风险资本，也不需要像硅谷的很多公司那样在创办初期拼命炒作。卡塞拉兄弟只是全身心地投入业务学习中，并与客户及其他"钛经济"创新者建立牢固的关系，再利用这些资源不断推动突破。简而言之，只有努力工作才能换来业务，但卡塞拉兄弟从未被工作的辛苦吓倒过。

"我们从小就搅拌水泥、搬砖。"约翰回忆说，表示兄弟俩的父亲"至少可以说是一个工头"。他们帮父亲盖了一座红砖汽车旅馆，父亲自己经营并住在里面。旅馆坐落在4号公路上，位于拉特兰乡村和佛蒙特州著名的滑雪胜地基灵顿之间。20世纪50年代初，父亲雷蒙德和母亲图尔利从纽约州扬克斯搬到佛蒙特州，他们从战后滑雪度假村的盛行（截至1948年，佛蒙特州新开了55家滑雪度假村）中看到了机会。雷蒙德是一名注册施工工程师，他把灯挂起来，以便在晚上工作，而全家人就住在帐篷里。

经营汽车旅馆也是全家人的事情，约翰和道格平日忙于在餐厅内收拾桌子，在冬天铲掉覆盖整个停车场的积雪。为了维持生计，雷蒙德还带着两个儿子做些建筑的活儿，或者打打其他零工。

毫不奇怪，雷蒙德的工作精神影响了他的儿子们。很快，兄弟俩就在佛蒙特州中部经营起了拖运生意。他们白天收垃圾，晚上处理生意上的文书工作，直到垃圾拖运路线多到远远超出预期，他们才把开车的工作交给别人。他们事事亲力亲为，并与所服务的社区建立了牢固的关系，而且由于性格迥异，他们成了佛蒙特州一带的名人，被称为"非常两兄弟"。道格脾气暴躁、容易感情用事，约翰则比较圆滑。不过，他们对公司未来的展望是一致的，即迅速适应新出现的机会，在20世纪70年代末和80年代的经济动荡里灵活驾驭风险。

两兄弟早期的成功不可避免地招致了一些竞争对手的嫉恨，他们散布谣言说该公司效忠于黑手党，说黑手党在一些城市参与了此项生意。当这个谣言被戳破时，新的说法就变成了该公司被神秘的公司监工控制。真相是，两兄弟的成功在于迅速创新。

在两兄弟创业的那些年里，废弃物管理行业迫切需要变革。普通搬运工的眼里只有当地的垃圾拖运路线和垃圾填埋场，他们看不到回收利用、有害物质清理、减少废弃物和可再生能源生产等更大的潜力。相比之下，卡塞拉兄弟意识到社会面貌正在发生变化。由于担忧污染、不受监管的垃圾填埋场和不安全的水，消费者对"减少""再利用""再循环"这三个词越来越感兴趣。公司成立仅仅两年后，兄弟俩就以3 000美元的价格从缅因州的一家老磨坊购买了一台打包机。他们用打包机把纸板箱压成大捆再运往回收站，从而开设了佛蒙特州的第一个回收中心。

20世纪90年代，兄弟俩将创业的精力投入并购中，收购了50家公司，积累的路线包含68 000多名客户，并建立起一个由4个垃圾填埋场和8个回收设施组成的网络。在此期间，卡塞拉公司陷入业务过度多元化的危机，并且背负了很多债务。起初，公司通过吸收私人投资者的资金缓解危机，在1997年上市后则依靠股票销售。约翰和道格收购了一些自身专业领域以外的公司。总部位于新泽西州的废弃物处理公司KTI就是其中之一，该公司在绝缘材料生产和轮胎回收等行业也有业务。兄弟俩很快就发现自己扩张过度，并因此饱受批评。在收购KTI后的一年里，公司股价暴跌了70%，尽管兄弟俩在21世纪初曾试图扭转颓势，但2008年的金融危机使垃圾收集和处理的需求骤然减少，公司再次遭受重创。

面对这些挑战，卡塞拉兄弟意识到，要想重新在经济上取得成功，必须专注于他们所熟悉的垃圾收集、处理和回收利用业务。公司剥离了非核心业务，时任公司首席执行官的约翰也进行了管理创新，重组执行团队，下放决策权，让管理人员可以更加灵活地解决问题。卡塞拉兄弟能够做好反收购的准备，在很大程度上归功于他们采取的重建措施。他们在目标社区内建立的深厚根基（包括对若干慈善机构的热心支持），增强了股东对其领导能力的信心。

不久，股票价格又开始飙升。

此后的几年里，卡塞拉兄弟越来越倾向于发展绿色技术业务。他们将1977年开设的单一回收中心建成了覆盖美国东北部、包含25个设施的网络，一直走在行业创新的前沿。他们与垃圾回收公司再生银行（Recycle Bank）合作，该公司创立了一个项目，允许客户跟踪回收再利用的情况，并根据回收量在家得宝、星巴克等商家兑换优惠券。这次合作在目标社区取得了巨大成功。但卡塞拉兄弟知道，要想更有力地推动循环再利用业务，还需要更多的激励措施。他们也很快意识到单向回收的优势，大幅提高了回收计划的合规性。

作为再生行业的"老手"，卡塞拉兄弟非常清楚，很多人因为觉得垃圾分类太麻烦而不愿循环使用。后来卡塞拉兄弟了解到部分回收业务有了一些转机，即客户可以将所有可回收物品放入一个垃圾箱，再统一将这些物品运到回收中心进行分类，于是发起了"零分类回收利用"计划，允许客户"把垃圾桶填满，剩下的都交给我们"。这样的远见卓识使该公司得以获取80多万吨可回收材料，而且数量还在不断增加。但卡塞拉兄弟并没有沾沾自喜。

他们一直在投资最好的新技术，让回收利用更有效、更有影响力。卡塞拉兄弟的企业家精神和工作态度，使他们能够在工业领域汹涌的大潮中劈波斩浪，而许多传统公司还在努力适应不断变化的环境。

将脏活累活自动化

不久前，卡塞拉公司购进了最先进的机器人设备。该设备与总部位于俄勒冈州尤金的"钛经济"公司BHS生产的机器类似。1976年成立的BHS公司将可回收物品的分类工作变得更加准确和人性化。

我们都有过这样的心虚时刻：看到一块垃圾，但不知道它是否可以循环再利用，于是忐忑不安地将它扔进回收箱。这种做法将带来一个不可避免的问题，即因分类不当而摧毁整个回收系统。比萨盒上的油脂会堵塞齿轮；在花园里用的软管会缠绕设备；未清洗的花生酱罐子会弄脏其他的东西，让整批货物被拒收；可燃气体容器会引起火灾，让工人处于危险之中。回收中心大多数工人的工作就是在垃圾堆里分拣可回收物和不可回收物。BHS公司的首席执行官史蒂夫·米勒将之描述为"世界上最糟糕的工作，谁也不想做的工作"。更重要的是，不可回收物会成为工人手中的"漏网之鱼"，因为它们很难被发现。结果便是机器经常需要关停维修，生产率也因此大幅下降。

为此，BHS公司创建了行业中最先进的自动化回收利用系统，由人工智能分类和识别可回收物。比如，公司生产的光学分拣装置使用光谱仪"查看"物品。每种材料都有独特的光谱"特征"，通过评估它们的成分，光谱仪就可以识别物品。与此同时，公司生产的 Max-AI（一款人工智能分类产品）自动分选机使用多层神经网络（先进人工智能能力的基石），通过广泛的训练（即机器学习）先识别物品，随后机器臂将物品按材料类别放入不同的回收箱，并剔除无用物品，从而使工人站在分拣线上干脏活的时间大大缩短，工人所做的主要是危险性较低、卫生情况较好的工作，比如运输成捆的可回收物和监管设备。而这些机器的成本不到两年就能收回。

果然，自 2017 年 4 月开始销售这些机器以来，BHS 公司的业务就迅速增长，在美国和世界各地启用了 200 多个神经网络。此外，自 2005 年米勒上任以来，公司的员工从 30 人增长至 300 人，每年的收入超过 1 亿美元。

卡塞拉公司也投资了一种引人注目的机械设备，以减少送往垃圾填埋场的有机物质，这些有机物质几乎占填埋垃圾的 1/4，其中很大一部分是食品垃圾，而且包装大多没有拆开，比如因为过期而被扔掉的罐装汤或盒装饼干。这些物品一直无法回收利用，因为将食品从包装中取出来太费时了，不经济。但这些垃圾的数量惊人。仅佛蒙特州每年就有约 8 万吨，而佛蒙特州的人口数量在美国排名倒数第二，仅高于怀俄明州。

2021 年初，卡塞拉公司启用了佛蒙特州首台去包装设备。

这是一台巨大的红色机器,叫作轴流式分离器,绰号"雷神",由斯科特设备公司制造。该公司位于明尼苏达州明尼阿波利斯市南部,也是由家族经营的"钛经济"公司的典范。这台机器可以打开包装,分离食品。随后,机器臂将破损的包装取出,根据材料的不同进行回收或填埋。同时,滤网将食物垃圾过滤出来用于堆肥。

从塑料包装的过期面包,到劣质的咖啡胶囊,再到冰激凌盒,"雷神"都能处理。约翰的儿子迈克尔是卡塞拉废弃物系统公司的总经理,他解释说:"一旦某种产品不能供人类使用,我们就可以把它拿走并处理成可回收产品,而不是直接送往垃圾填埋场。"从这段话中,我们可以听出他对宝贵的材料免于浪费是多么满意。这些可回收产品可以重新做成包装材料,食物垃圾可以制成肥料。卡塞拉公司还在探索一项具有潜力的变革性创新,将另一种有机物质转化为能源。

至高目标

自1977年涉足再生行业以来，卡塞拉兄弟一直在思考废弃物管理的至高目标。他们想知道：如果废弃物可以转化为能源，会怎么样？那就是清洁能源。

他们的梦想终于实现了，而这一切就发生在一个与他们的家乡拉特兰同名的地方。这个拉特兰地处120英里以外的马萨诸塞州，也有一对同样亲密的兄弟在此经营农场。

乔丹奶牛场坐落在一片辽阔的牧场上，饲养了800头奶牛。无意冒犯，但养奶牛就会有牛粪——这里每天会产生1万加仑[①]粪肥。牧场入口矗立着两个筒仓，它们不是储存谷物的，而是厌氧消化器，利用牛群产生的大量牛粪以及从各地收集的食物垃圾发电。卡塞拉公司与马萨诸塞州韦尔斯利的先锋可再生能源公司（Vanguard Renewables）共同投资了这一农场试点项目。先锋可再生能源公司专门与奶农合作，应用可再生农业和厌氧消化等可再生能源技术。

---

① 1加仑（美）≈3.8升。——编者注

第一个筒仓内的柱状物接收来自12个组织的45吨食物垃圾，包括附近芬威球场被丢弃的热狗、肉丸、比萨、沙拉，以及当地餐馆、制造商和企业的食物残渣，还有乔丹奶牛场和其他奶牛场的25吨牛粪。从粪肥中释放的甲烷不会造成温室气体排放，而是与食物垃圾中的气体在密封的筒仓中混合，被输送至一个巨大的发电机，而后转化为电力。

这个装置产生的电量足够整个农场和300户人家使用。与此同时，蒸煮器中剩余的黏性物质可以做成一种超强的肥料，用于种植玉米和草料。乔丹奶牛场称，这种肥料能使作物增产50%。

制定令人振奋的解决方案并及时跟进，使卡塞拉公司极具敏捷性和活力，也为员工创造了高质量的工作岗位。该公司在佛蒙特州、新罕布什尔州、纽约州、马萨诸塞州、缅因州和宾夕法尼亚州的员工总人数已经增长至2 300人，同时在2020年收入达到8亿美元，利润率达到20%。在过去的5年里，卡塞拉公司在股东总回报方面以60%的复合年均增长率击败了科技五巨头。

乔丹奶牛场是农业企业、餐馆、超市、商家、学校和市政当局与废弃物管理创新者的众多合作项目之一，既能为自己的设施供电，又可以为电网提供清洁能源。这种共生方式不仅是卡塞拉公司业务发展的核心特征，也是整个"钛经济"的核心特征。公司和客户构成的生态系统不断试验新兴技术并推广应用，从而达到互惠互利。

就像大自然中的生态系统一样，这些公司不断在专业细分市场打磨业务，以适应变化多端的需求。它们有丰富的经验来识别需求，也有创造力和动力来发现创造性的解决方案。它们的规模有大有小，有些在专业细分市场占据主导地位的公司规模非常大，而且在不断增长。许多公司致力于拯救它们共生关系的模仿对象——脆弱的自然生态系统。

陷入烂泥

"任何化学家都知道,你不能摧毁或创造物质,"清洁海港公司(Clean Harbors)负责工程和运营的副总裁斯科特·休梅克说,"但你可以改变它的存在形式,减小它的毒性。"

清洁海港公司位于阿肯色州埃尔多拉多,它的一个新设施是美国20年来首座新建并投入运营的商业危险废弃物焚化炉。这个耗资1.2亿美元的设施具有空间站般的未来主义色彩,将工业和实验室化学品、制造副产品、医疗废弃物等固体、液体材料焚烧处理成安全无味的废气。

自1980年成立以来,清洁海港公司始终聚焦危险废弃物处理和回收的垂直整合,经过40年的发展,从一个简陋的拖车工作间发展成拥有750处办公场所的企业。截至2020年,该公司创造了31.4亿美元的收入,雇用了1.4万名员工,成为美国最大的环境和工业服务提供商。该公司首席执行官兼创始人艾伦·麦金称,他的公司是"美国的'超能敢死队',专干别人不想干的工作"。

麦金所承担的艰苦工作很少受到媒体的关注,但却解决了重大需求,这反映了"钛经济"创新者对深刻理解业务细节的热情。工业科技公司大多是挺过艰难时期并抓住机遇的老牌企业。只有不惧挑战的领导人才能发现这些机会,而麦金最近遇到的挑战就是,进入一艘需要清洁而又布满焦油和污泥的油轮中。

清洁海港公司在执行垂直整合战略时收购的公司之一是Safety-Kleen(提供环保产品和服务的公司)。该公司提出了一套再精炼废油的方案,即收集油轮上的各种废油进行提炼,然后将干净的油运回内部经过清洁、恢复原状的同一艘油轮。麦金自告奋勇,想要尝试一下这份艰苦的工作。

"你害怕被弄脏吗?"清洁海港公司的主管问麦金,他不知道这个自称"比尔·安德森"的新员工竟是公司的首席执行官,也不知道正把镜头对着他们的摄制组其实是在拍摄电视节目《卧底老板》。麦金自称是一名失业的机械工,希望重新找份工作。他在清洁海港公司的设施和作业场所尝试了多个岗位——做过A级卡车司机、在密闭环境中工作的工业技术员以及应对飓风灾难的现场服务工人。麦金说:"这让我重新审视了公司,并走进一线探索公司未来的发展。"

麦金在马萨诸塞州波士顿南岸的布伦特里出生和长大,他在美国东北大学读书时被当地退役的美国国家橄榄球联盟球员鲍勃·迪伊雇用,在喷气机队服务公司工作,从此开始了他的原油泄漏清理生涯。

"鲍勃就像我的父亲,"麦金说,"1980年,也就是鲍勃去世一年后,我和四个人在一辆卡车里创办了清洁海港公司。"

1984年，科德角是该公司开展主要业务的地点之一。当时，清洁海港公司从受损油轮"艾尔迪亚"号上抽出了10万多加仑原油，避免了在暴风雪中搁浅的油轮发生漏油事故。时光荏苒，2010年4月，墨西哥湾越洋公司的深海石油钻井平台"深水地平线"发生爆炸。许多专家认为这是美国历史上最严重的环境灾难。事故造成11人死亡，1.34亿加仑原油泄漏——美国水域有史以来最大的海上漏油事故。科学家们仍在研究它对环境的影响，其中包括数以万计海洋哺乳动物和海龟的死亡，以及它们的栖息地和1 300英里海岸的污染。

事故引起了全球的关注和愤怒，美国海岸警卫队和一大批联邦及州政府官员向清洁海港公司寻求帮助，以全面应对这一场前所未有的危机：这片海上漏油区将影响三个州居民的生活。麦金曾带领清洁海港公司的团队处理1989年"埃克森·瓦尔迪兹"号原油泄漏事件，参与"9·11"恐怖袭击事件后世贸中心遗址的清理，以及同年美国全国广播公司办公室遭遇炭疽病毒袭击后的净化工作，并深受赞誉。

"那些海滩拥有最细密的沙子，美得你无法想象，"麦金说，"我们的想法是在海上作业，阻止原油流向海岸；要是阻止不了，就设法减轻损害。"

清洁海港公司不仅主持了规模空前的"深水地平线"漏油事件的清理和环境恢复治理工作，还为海岸警卫队提供后勤支持，为招募来协助清理海岸线的居民提供健康和安全培训。这项工作既需要专业技术，也需要大量人力物力。

麦金回忆道："应对原油泄漏与打仗没什么不同，因为我们出动了 25 000 人，规模巨大。我们也有指挥中心，负责给这些人提供食物、安全训练、交通和住宿。"

员工和志愿者穿上防护设备在高温和高湿环境下向密封容器铲沙子，清洁海港公司则在工作现场中央搭起帐篷，安装了空调、100 间移动厕所，在冰柜里堆满冷饮，并提供一日三餐。在此期间，麦金监督着整个行动，向每一个正在休息的人打招呼。

不过，麦金直到参加《卧底老板》的拍摄时才真正了解到现场作业中隐藏的危险和条件之艰苦，例如在得克萨斯州飓风过境后进行清理时遇到蛇，从印第安纳州一艘再精炼厂的脏污油轮里爬出来后没地方洗澡。

为了不让员工认出来，麦金接受了摄制组的形象改造。整齐的发型和职业装消失不见，取而代之的是细长的马尾辫、八字须，还有一副被艰辛生活折磨得无精打采的模样。"我回家在儿女们、孙子们面前做了测试，"他笑着回忆说，"有个小孙子没认出我，并且很害怕我这个陌生人。我也几乎认不出自己了。"

他亲身感受了日复一日的工作所需要的坚持和毅力。在清理油轮上的污物时，他汗流浃背，双手时常因压力和疲惫而颤抖。

完成于 2012 年的 Safety-Kleen 收购耗资 12.5 亿美元，是清洁海港公司历史上最大的一笔交易。Safety-Kleen 是北美最大的废油再精炼公司，此次收购标志着麦金正式进军"回收利用汽车和工业级油"这一供需不平衡的市场。废弃的汽车和工业级油是一种不可再生能源，且对环境有害。像清理泄漏的原油一样，这项工作涉及的后勤支持也堪比打仗。

再精炼油业务的关键在于运输物流。从遍布美国各州的2 000个汽车服务中心、快速润滑油站、汽车经销商、工厂等场所收集废油需要广泛覆盖的运输网络，因此，清洁海港公司经营着全美最大的私人车船队之一，公司的卡车、油轮和驳船每天都在做着从客户那里收集废油并运送到加工中心的工作，每年收集的油量高达2亿加仑。

路线优化一直是打破"巡回销售模式"桎梏的法宝。路线优化要考虑数不清的道路、天气条件和起伏不定的燃料成本，更不用说还有客户的需求。由于车船在返回起点之前要多次停靠，要想制定最佳路线，就得面对分析海量数据的挑战，这让普通的计算机难以处理。通过应用量子算法，公司均衡利用、调度外部铁路系统和内部分布广泛的车船队，在不影响服务效率的情况下管理路线。如此一来，以前只能半载上路的油轮就能在接近100%的容量下运行，节省燃料和时间。这也是麦金在拍摄《卧底老板》时需要将油罐清洗得一尘不染的原因。为了提高效率，油轮把需要再精炼的废油送到目的地后，会迅速调转方向，装满等待运输的干净油。

路线优化在持续提高运力的同时减少了12%的行驶里程。积少成多，也证明此次收购是明智之举。2020年，Safety-Kleen的销售额占到了清洁海港公司的35%。

变废为宝

卡塞拉公司和清洁海港公司的故事说明，胆小之人干不了废弃物管理工作。然而，从渗入水道、毒害各类物种的有毒化学物质，到塞满海洋的塑料垃圾，再到每年排放惊人数量温室气体（甲烷）的牛粪，废弃物造成的问题是我们面临的最紧迫的挑战之一。它们影响着地球上的每一个人。"钛经济"公司勇于创新和落实解决方案，在媒体等炒作机器追捧科技的舆论环境中悄然取得变革性进展。

此外，故事也凸显了"钛经济"公司的另一个特点：它们坚韧而顽强。工业几十年来一直在衰落，这种说法在一定程度上与汽车行业进入寒冬有关，悲观看法被扩大到了更广泛的工业领域。实际上，工业公司不仅生存了下来，而且蓬勃发展，未来在科技的加持下还会更加繁荣昌盛。我们之所以选择关注废弃物管理，是因为大多数人认为它落后、庸俗，但事实并非如此。如果你在2000年初买入1 000美元清洁海港公司的股票，到2020年底，这笔投资将增长到124 887美元。

不过，我们只触及了"这块宝地"的表面。新技术会不断涌现，新技术的落地实施将带来无数机遇。怀抱雄心壮志的创新者最好把目光投向这些紧迫的领域，确保我们有新鲜空气可以呼吸，有干净水可以饮用，有健康土壤可以种植农作物，以满足不断增长的世界人口的需求。

第四章

○

钛经济模板

1998年12月中旬，拉里·门德尔松离开在迈阿密的家，在黎明前登上了飞往洛杉矶国际机场的航班。着陆后，他租了一辆车，朝洛杉矶西南方向行驶了50英里，来到拥有15.7万人口的科罗纳市。这里生产芬德吉他和怪物饮料，也是他此行要参观的创新工业科技公司热结构（Thermal Structures）的所在地。这位爱交际、几乎总是满面笑容的生意人一反常态地皱起了眉头。他刚刚得知，还有十几名参与者正在向这家他不远千里来访的公司示好，而且据说他们的出价远远超出了他的计划。

此时，拉里·门德尔松已经为HEICO公司①完成了数十次收购。HEICO公司是他和两个儿子维克托、埃里克在1990年接管的。他知道，如果对热结构公司的竞标进入持久战，自己不可能中标，因为与大多数竞标者不同，他打算直接用公司的现有资

---

① HEICO公司是一家充满活力和不断发展的技术驱动型公司，专门从事航空航天、工业、国防和电子行业。——译者注

金进行收购，虽然这会让他在出价时处于劣势，但无负债也意味着不必负担为了快速获利而缩减业务的压力，这可能会成为他在卖家那里的加分项。

合并与收购未必就要背上沉重的财务负担或进行残酷厮杀。拉里·门德尔松很清楚，"让我发财"是大多数卖家的座右铭，但他希望热结构公司的创始人沃恩·巴恩斯是个例外。至少从目前的信息看，该公司与HEICO的并购是一种完美契合。

门德尔松和两个儿子严格执行HEICO的发展战略。该战略展示了"钛经济"公司的发展模式，包括以占据某一利基市场为目标的战略性并购。HEICO已经开辟了一个利润丰厚的市场，就是为航空工业生产对其他公司来说技术难度或成本过高的产品。监管和认证过程，加上雇用合格员工的昂贵劳动力成本和高负债，使其他人很难进入这个市场。你必须知道自己应该做什么，热结构公司恰恰是该领域的佼佼者。热结构公司生产一种金属护罩，可以承受推力涡轮发动机（类似门德尔松那天早上所乘坐的商用喷气客机上的发动机）的强烈气流。这些发动机在全速运转时，内部温度可高达590华氏度。而当飞机在39 000英尺的高度航行时，它们也必须承受低至零下137华氏度的外温和高达每小时800英里的风速。因此，为了让飞机发动机正常运转，必须精密制造能够承受这种压力的防护罩。

巴恩斯为公司制定的发展战略同样引人关注，他不断拓展专业细分市场，业务范围横跨飞机和军用车辆阻燃绝缘材料、地震多发地区高层建筑防火屏障系统等，可谓包罗万象。如果你需要复合声学衬垫来隔绝喷气发动机或大型工业风扇的噪声，也可以到热结构公司定制。这种定制要求内部创新，尤其是在缺少现成工具的情况下。因此，热结构公司发明了 35 000 件左右这样的工具。公司人才济济，吸引了许多高素质的工程师，能够紧跟生产线的创新步伐，保持领先地位。但门德尔松知道，机器很快就会被淘汰，尤其是在当今这个时代。因此，HEICO 在判断一家公司是否值得投资时，会重点考虑其在重组生产线方面的专业知识储备。热结构公司还拥有强劲的资产负债表。

公司的经营状况很好，当时年仅 45 岁的巴恩斯决定提前退休去周游世界，于是将公司挂牌出售。门德尔松得知这一消息后，决定前去拜访，不仅是想了解情况，也是为了让这家公司的创始人和所有人相信，虽然别人肯定会开出高价，但他给出的东西比高价更具价值。

巴恩斯给门德尔松的印象很好。当他走进大厅时，巴恩斯没有派助手出来，而是亲自迎接。门德尔松心想，这挺有意思的。巴恩斯还立刻带领门德尔松参观了热结构公司的研发中心，没有浪费一点时间。

"没有两架飞机是完全一样的，"巴恩斯一边带领门德尔松走向车间一边对他说，"即使是同一家工厂生产的同一型号，比如空客 A320。每个防护罩都得像手套一样贴合，我们需要不断调整它们，才能适应越来越快甚至是高超声速的飞行。"门德尔松清楚，飞机飞得越快，发动机产生的热量就越大。高超声速意味着飞机将以5倍于声速的速度飞行，防护罩需要高水平发挥作用，在极端条件下承受推力涡轮发动机的强烈气流。而可以承受这种压力并确保飞机引擎安全的防护罩，是街边的机械工厂所不能生产的。

两人一见如故。他们都曾经与数字为伍，门德尔松当过会计师，巴恩斯则是受过培训的工程师。不过，当参观热结构公司的工厂时，门德尔松发现两人都很重视人员管理。

为了向门德尔松展示工厂的功能，巴恩斯把他带到了一个工位，那里有几台程控超热激光器正在忙着切割；接着又去了另一个工位，那里有嘈杂的水切割机床正在打磨。"只要有一丝一毫的差错，我们就会重新开始，"巴恩斯说，"我们会毫不犹豫地报废每一件不完美的产品。"

巴恩斯把门德尔松介绍给一位生产线主管，门德尔松询问了她的出身背景。"刚开始的时候，我连冲压机和压模都搞不清。"她告诉他。她起初只是安全技术人员的助理，后来在巴恩斯的激励下在当地社区学院学习了计算机编程，最终获得了商学学位，"几乎在生产线的每一个环节都工作过"，一路晋升到现在的岗位。门德尔松全神贯注地听着，同时也注意到了她话语间流露出来的热情。"我很荣幸能够承担这份重大责任，"她继续说，"我们知道这是生死攸关的事。我们的防护罩不能失灵。"

巴恩斯不知道的是，与生产线主管的会面验证了门德尔松收购评估表上的一个重要项目。尽管工厂使用的高端技术令人眼花缭乱，但他更愿意了解员工的技能和意见是否受到了管理层的激励与尊重。巴恩斯给了他们谈话的机会，这是一个好兆头。他鼓励那位主管施展自己的才能，这非常重要。培养员工的技能，并为他们提供长期的机会，这些在门德尔松看来是公司值得收购的加分项。

门德尔松认为，热结构公司与HEICO的文化契合度是最关键的评估因素。他从一开始就对公司的产品组合和组织架构持谨慎态度。年轻时，他曾对父亲说："我想成为富翁。"老门德尔松奚落他说："不要想着能赚多少钱。找一件你喜欢做的事情，然后全力以赴、竭尽所能。"门德尔松从未忘记父亲的话，并在这一简单理念的指引下创办了HEICO。他发现巴恩斯建立热结构公司也是基于这种激情，更重要的是，他把自己对工作的骄傲和热情注入了公司。

门德尔松和巴恩斯一边继续参观，一边谈起了价格，他心中暗暗琢磨着巴恩斯是不是那种只想接受最高报价的人。巴恩斯表示有好几个客户都对热结构公司感兴趣。但门德尔松认为，他可能拥有竞标这家公司的王牌。

第二天，拉里·门德尔松回到自己简朴的办公室，与六名高管开会讨论对热结构公司的收购。两个儿子也在其中，他们曾帮助父亲打造现代化的HEICO，并取得公司的控制权。他们在收购决策中也一直发挥着重要作用。

门德尔松从未想过会成为航空航天工业巨头,甚至也没想过会当上某家公司的首席执行官。这位纽约人在离家不远的地方读大学,后来考入哥伦比亚大学并获得了MBA(工商管理硕士)学位。在美国最大的会计师事务所之一安达信做了一段时间的数据处理工作后去了南佛罗里达,开始投资飞速发展的房地产行业,为自己的事业做准备。他专攻公寓改造。20世纪80年代,门德尔松的两个儿子分别从哥伦比亚大学的商业和经济学专业毕业,他们追随他的脚步来到南佛罗里达,父子三人决定携手并进。

"我一直想和儿子们一起工作,"门德尔松说,"我和父亲的关系很好。但当我大学毕业的时候,他已经退休了,我从未和他一起工作过。我不想让我的儿子们重蹈覆辙。"

他们四处寻找值得收购的公司,并在1989年找到了最理想的目标——HEICO。拉里·门德尔松想要一家既能生产产品,又有稳固资产负债表的公司。HEICO公司成立于1957年,上市于1960年,但之后增长乏力,门德尔松父子认为这是"管理缺乏热情"的结果。

"董事会成员持有的公司股份很少,"门德尔松回忆说,"他们没有参与其中。"尽管如此,HEICO还是在航空航天工业的一个利基市场站稳了脚跟,因为它在1974年收购了Jet Avion Corporation,该公司为飞机发动机提供符合美国联邦航空管理局要求的零部件。经过深入研究,门德尔松父子认为这一行业具有巨大的上升潜力。

他们购买了价值 300 万美元（一半用现金支付，一半以债务支付）的 HEICO 股票，同时要求在董事会占有一席之地。在遭到拒绝后，门德尔松父子发起了一场旷日持久的代理人之争，最终法院做出了对他们有利的判决。1990 年 1 月，门德尔松父子赢得了公司的控制权。他们撤换管理层，重组董事会，成为公司的掌控人。

"热结构公司和多年前的 HEICO 情况相似。"门德尔松告诉他的高管团队。他还说他特别喜欢热结构公司此前稳定的增长态势和充裕的现金流。此外，团队一致认为留下沃恩·巴恩斯至关重要，决定分给他 20% 的股份，因为他不仅创建了公司，而且把公司经营得很好。门德尔松信心满满地结束了会议。现在，他只需要说服沃恩·巴恩斯这是一笔好交易，他应该留下来继续经营公司。

我的人怎么办？

沃恩·巴恩斯在工程学院读书时，灵感乍现，于是就像比尔·盖茨和史蒂夫·乔布斯一样退学了。学校可以等，但灵感不能等。事情的起因是，在巴恩斯从家乡南加州飞往夏威夷度假时，他在等待登机时对载满乘客的机舱如何在时速500英里的飞行中保持温度充满疑问。巴恩斯在四个小时的飞行中一直在思考这个问题，度假回来后，就开始如饥似渴地学习关于飞机温度控制的知识。他对行业内的公司进行了研究，然后和一位合伙人买下了一家为娱乐用飞机提供绝缘产品的小公司。就这样，热结构公司诞生了。

巴恩斯把公司当成自己的孩子一样慢慢"养大"，还邀请自己的朋友加入公司团队。在与竞标者一次又一次的会面中，他开始忐忑不安。一些竞标者提出了明确的计划，即通过裁员和削减运营费用精简机构，使资产负债表看上去更好，然后让公司上市。自20世纪80年代末突然出现一种蓄意收购的新型投资者以来，激进的精简屡见不鲜，这往往会削弱目标公司的实力，使其在市场上失去竞争力。他们利用杠杆收购工具，向他们认为业绩不佳或管理平庸的公司提出收购要求。他们如饿虎扑食，因为不管公司在被收购后表现如何，他们都可以从交易本身获得巨额利润。很多杠杆收购最后都给公司带来了灾难，但收购方总能大发横财。在典型的杠杆收购中，收购方会以目标公司（在这里就是热结构公司）的资产做抵押借入巨款，然后用这笔巨款购买该公司。这就是收购方热爱杠杆收购的原因，他们自己一般很少在交易中投入资金。

尽管潜在买家给出的报价听起来不错，但巴恩斯因为担心公司的员工，很讨厌他们的态度。巴恩斯说："每次会面我都会问：'我的人怎么办？'他们都会回答：'你为什么要在意？反正钱会到你的口袋里。'"

后来他见到了拉里·门德尔松。HEICO 的报价虽然不像其他公司那样有利可图，但却附加了一些非常吸引人的条件。门德尔松告诉巴恩斯："我们收购公司，是为了发展它。我们不干预经营，但只要它求助，我们就会帮忙。"门德尔松父子想要留下他的举动也让巴恩斯印象深刻。他们和共同投资者用现金和 HEICO 股票共计 3 500 万美元购买公司 80% 的股份。巴恩斯将保留余下 20% 的股份，并继续当老板。巴恩斯不确定他们是否会信守基本不干预经营的承诺，他仔细考虑了一番。不过，最终的决定是显而易见的。"老实说，一开始我不相信，"巴恩斯回想起自己的怀疑，"但他们确实做到了说话算话。"

巴恩斯的独立性还体现在他可以通过效仿母公司 HEICO 来

扩大热结构公司的规模，即利用HEICO的资金按照同样的模式进行收购。他最近收购了一家工业发电机制造公司，这种发电机可以为大型建筑工地或者遭受风暴等自然灾害的地区供电。市场对这些大型发电机的需求处于历史最高水平。巴恩斯说他从未被HEICO质疑过。"他们会问我需要什么，或者他们需要提供哪些帮助。这就是他们的运作方式。"

收购热结构公司给HEICO带来了巨大的利润。热结构公司在被收购时的年收入为1 700万美元，如今已经增长到近9 000万美元。公司拥有400名员工，在印第安纳州的普莱恩菲尔德、华盛顿州的斯波坎和北达科他州的法戈设立了办事处。法戈的工程团队共计40人，这生动反映了工业科技公司为社区带来的经济增长。法戈的人均年薪约为3万美元，而HEICO工程师的起薪就是这个数字的两倍多。

去火星

合并与收购是"钛经济"中常见的战略工具。但与过去那种试图把多家企业聚集到一起以实现多元化经营的庞大企业集团不同,工业科技公司着眼于深化能力,成为供应链中不可或缺的一员,并在自己的领域一马当先。

可以说,没有哪家公司在收购方面比HEICO做得更好。在门德尔松父子的领导下,收购一直是HEICO增长的强大动力。1990年以来,HEICO收购了82家公司,实现了强劲的收入和现金流增长,而这正是HEICO的秘密武器。其中,经营活动现金流从1990年的200万美元增长到2020年的4.09亿美元,累计自由现金流从1990年的100万美元增长到2020年的27亿美元。

经营活动现金流是指由企业经营活动所带来的现金。经营活动现金流是确定公司核心经营活动成功与否的重要标准。它反映了在没有外部融资的情况下,一个企业的账面上是否有足够的现金用来发展。自由现金流等于经营活动现金流减去资本支出,只能被用于合并与收购等活动。累计现金流这一术语适用于公司或项目。累计现金流是指公司或项目自成立以来现金流的总和。例如一家公司 3 年前开始运营,那么该公司的累计现金流就是 3 年内现金流的总和。

拥有良好的现金流意味着公司拥有长期健康的资产负债表——这对华尔街和机构投资者都很有吸引力,也意味着公司能以相对较低的成本而非巨额负债为收购提供资金。"我们从一开始就奉行相同的经营理念,"门德尔松说,"那就是寻找高利润率和高现金流的公司进行收购。"

HEICO 在准入门槛较高的高利润利基市场寻找管理良好的创业公司,比如已经获得认证的企业。像热结构公司这样的企业大多植根于各自的社区,它们不仅促进了当地经济的发展,也有利于塑造各州各城镇的社会结构。

HEICO 旗下的公司,如位于田纳西州芒特朱丽叶的 Aero Design(飞行设计公司)、康涅狄格州格拉斯顿伯里的 Turbine Kinetics(航空零部件公司)和佛罗里达州好莱坞的 LPI Corporation(喷气发动机、飞机零部件制造商),往往不受媒体关注。其中有很多公司非常专业,服务于精密航空电子工业领域的利基市场,没有必要寻求宣传。但如果你冷静下来,把它们放在一起看,就会发现这种集体创新的价值大到惊人。

想想历时 6 个月、行程 2.93 亿英里,在 2021 年 2 月成功登陆火星的美国国家航空航天局"毅力"号火星车。这是史上第五辆成功登陆火星的火星车,也是迄今为止技术最先进的火星车,使用了 HEICO 四家子公司生产的关键设备。其中一家是 VPT 公司，该公司生产的转换器和过滤器可以为"毅力"号的相机系统和机载处理系统提供动力。2010年，HEICO收购了位于弗吉尼亚州布莱克斯堡的航天工业动力模块制造商VPT公司。这次收购不仅完美体现了HEICO的神奇增长战略，也体现了门德尔松父子的经营理念，即投资那些能给社区带来繁荣的公司。

VPT公司位于高科技企业园区，距离峰峦、河流、森林、山涧纵横林立的新河谷和那条最具挑战性的阿巴拉契亚国家步道只有几分钟路程。这是一家由首席执行官丹·塞布尔与合伙人创办的公司。合伙人只投钱，对经营或在公司工作不感兴趣。28年后，合伙人想要套现，塞布尔别无选择。他开始寻找买主。

塞布尔谈成了一笔看似有利可图的交易，但对方不是HEICO公司。他爽快地承认说，他从没听说过HEICO。塞布尔早就知道不管哪家收购公司都会改善运营、削减成本，但在最后一刻当收购公司的高管团队试图施加可能导致大规模裁员的新条件时，塞布尔退缩了，交易也就此泡汤。HEICO迅速重新加入了竞标队伍，尽管还是最初的报价，但拉里·门德尔松的一番话令塞布尔震惊不已。他说："丹，如果我说我比你更懂经营，那就是班门弄斧。"事实上，VPT公司的收入一直在以每年15%~20%的速度增长。

他们达成了交易。

VPT公司对太空探索的贡献并不像雄心勃勃的太空探索技术公司（SpaceX）或蓝色起源公司（Blue Origin）那样受到媒

体的广泛关注，但也在用自己的方式追逐梦想。"目前有三个国家成功向火星发射了人造卫星：阿联酋、中国和美国。我们是世界上唯一同时为这三颗卫星提供设备的公司。"塞布尔自豪地说。将公司出售给HEICO后，他继续担任领导角色，创造了引人注目的稳定增长，也再一次证明了HEICO的战略智慧，即让优秀的管理者经营公司，自己不插手、不干预。

为了防止大规模裁员，塞布尔选择将公司出售给HEICO，这表明工业部门的成功并不需要砍掉美国高质量的工作岗位。作为VPT公司的总部所在地，弗吉尼亚州的布莱克斯堡代表了许多美国社区的未来，这些社区曾繁荣一时，但因为大量制造业转移到海外（包括较小的城市和农村地区）而受到沉重打击。布莱克斯堡的人口只有4.5万，但拥有一所高质量的大学——弗吉尼亚理工大学。大学为该镇提供了良好的就业机会，不仅是最大的雇主，还源源不断地输出具备工业科技创新所需技能的人才，再加上大学提供的专业知识和加速器服务的协同作用，这里非常适合建立工业园区，更不用说这里还拥有三个工业园区。VPT公司所在的弗吉尼亚理工大学企业研究中心成立于1985年，当时工业部门的工作岗位流失严重，与10年前相比减少了近一成。该中心是弗吉尼亚理工大学的一个营利性全资子公司，引进了750家公司，涉及航空航天、生物技术、材料科学和电子等行业。布莱克斯堡还以优秀的公立学校、繁荣的表演艺术社区和丰富的户外娱乐活动闻名，《商业周刊》将其评为美国最适合养育孩子的地方。

丹·塞布尔也为弗吉尼亚理工大学和当地企业的协同发展做出了贡献，他在过去 9 年里一直担任该校工程学院的兼职教授，每学期教一门高级电子学课程。教学工作要求他在一定程度上减少管理职责，但当他向门德尔松父子提出教学的想法时，得到了大力支持。这对 VPT 公司也非常有利：塞布尔可以雇用更多工程专业的学生。美国还有不少"钛经济"中心正在蓬勃发展，培育更多这样的中心大有可为，我们将在下一章深入探讨。

弗吉尼亚理工大学校园广袤无比、绿树成荫，塞布尔在校园旁边的办公室里思考：如果布莱克斯堡的主要企业关闭或迁往别处，就像后来被称为"铁锈地带"的那些地区发生的事情一样，那么这个小镇会走向何方呢？

模板

HEICO 及其子公司的发展战略可以作为"钛经济"公司做大做强的模板——它们的发展速度真的非常惊人。2020 年，HEICO 收入为 18 亿美元，净收入为 3.14 亿美元，市值近 170 亿美元。而门德尔松父子接管时，这家公司的销售额还不到 2 700 万美元。作为纽约证券交易所的上市公司，HEICO 在过去 10 年里的表现与科技五巨头不相上下。

自 1990 年门德尔松父子接管这家位于佛罗里达州好莱坞的公司以来，HEICO 的总收益率为 47 500%（我没有写错）。在过去 10 年里，它的股价上涨了 1 270%，超过了标准普尔 500 指数的 250%，远高于伯克希尔-哈撒韦公司的 240%。2019 财年收入达到 21 亿美元，利润为 3.28 亿美元，创下两项历史最高纪录。

门德尔松认为，关键在于公司设定了约 25% 的目标利润率，以支持通过收购实现增长。相比之下，其他工业科技公司的利润率大多为 7%~11%。换句话说，HEICO 在运营费用上获得的利润回报更高。假设一家公司的营业利润率为 7%，那么它每销售一件 100 美元的产品，就要投资 93 美元，盈利 7 美元——比例约为 13∶1。而 HEICO 的营业利润率达到 25%，它只需要为售价 100 美元的产品投资 75 美元，就能盈利 25 美元——比例为 3∶1。

门德尔松父子也在 HEICO 的经营中获益匪浅。他们持有公司 17% 的股份，《福布斯》杂志最近评估其个人财富为 12 亿美元。他们在南佛罗里达生活得很好，并不张扬，也不谈论家族的财富。但他们乐于谈论 HEICO 慷慨的 401（k）计划，以及公司在股市上的非凡表现——这让 HEICO 的管理层和很多机械操作员都成了百万富翁。"他们明白公司表现好是因为他们表现好，"门德尔松说，"员工把公司当成自己的，我很自豪。"

HEICO 的管理人员和工人对此没有异议。沃恩·巴恩斯开玩笑表示，随便选一天到热结构公司的办公室里转转，你都会发现员工们一只眼睛盯着手头的工作，另一只眼睛则在查看 HEICO 的股价。他说："每个人都知道公司的成功离不开自己的努力。"

HEICO 拥有 6 000 名高薪员工，分布在美国 50 个城镇的 67 个工厂。这些员工获得了丰厚的待遇，平均收入是服务行业的 3~7 倍，有些甚至是在贫困率超过 15% 的地方。许多在 HEICO 长期工作的小时工都被纳入了价值超过 100 万美元的 401（k）计划，少数 HEICO 员工（包括一些长期任职的秘书）拥有价值很大、回报很高的退休账户。鉴于 2020 年先锋领航集团 55~64 岁人群的账户余额中位数为 8.5 万美元，HEICO 员工的账户余额简直让人刮目相看。

许多员工在公司工作了很长时间，比如拉里·门德尔松的前任高级助理朱迪·维特尔。她在 HEICO 工作了近 40 年，直到 2019 年退休。她认为自己能在这家公司工作是一件幸运的事。维特尔在迈阿密长大，高中毕业后就嫁人了。离婚后，她急需一份工作，于是报考了秘书学校。在那里，一位同学告诉她 HEICO 在招人。

"我去面试的时候以为自己能在几年内找到一份更好的工作，"她回忆说，"后来我从未感到厌倦，在那里待了 39 年。"维特尔有能力供她的孩子们上大学而不用申请助学贷款——这是她和同事们刚开始工作时所没有想到的——她现在过着舒适的退休生活。"我的丈夫很高兴，我的孩子们可以无负担地工作，我的孙子们也将得到照顾。"她带着灿烂的笑容说。

几年前，HEICO 为一位工龄达 35 年的维修主管举行了纪念仪式，门德尔松父子与大约 200 名员工参加了仪式。回想起这一切，维特尔强调了门德尔松父子的领导力是多么值得赞誉。"那家伙太高兴了，他跑过去当着大家的面亲了拉里。"

HEICO 表明，当其他公司为了寻找廉价的劳动力和宽松的监管而迁往中国、越南、墨西哥等国时，美国制造公司可以留在国内并蓬勃发展。HEICO 已向海外扩张，在英国、法国和亚洲都拥有业务，但它从未考虑过放弃美国。

"美国有很多人才，"拉里·门德尔松对他的儿子和经纪人说过无数遍，"你只要懂得到哪里去找。"

HEICO是一家新兴的工业公司。它取得了巨大的成功，但不是个例。因此，它的经营策略是可复制的。

在财报电话会议上，拉里·门德尔松一直在强调现金、现金、现金。现金流是投资者想要听到的内容，能让HEICO通过战略性并购建立平台，并在其真正关心的微观垂直领域展开扩张。微观垂直是"钛经济"的一个重要特征，我们将在下一章中进行讨论。尽管HEICO服务于航空航天工业，但它并不生产发动机零部件，因为有1 000家供应商在这方面做得更好，它也没有引人注目的价值主张。但HEICO将在发动机备用配件方面与少数几家合格的供应商竞争，通过收购热动力公司（Thermal Dynamics）和VPT等行业领先的小型企业在微观垂直利基市场占据主导地位。

除了并购之外，HEICO等成功的"钛经济"公司还采用了两个策略：改造核心业务与专注多元扩张。改造核心业务的目标是，利用数据和技术为公司创造更高的利润。最终，这会带来更优质、更智能的产品和更敏捷的决策方法——所有这些都将为客户创造更好的产品和体验，以及更高效的运营和供应链，从而提高企业的赢利能力和现金生成能力。

专注多元扩张策略可以让工业公司获得应有的市场价值。我们的分析表明，核心绩效只是公司多倍价值的部分表现。在过去的10年中，倍数扩张已成为股东价值创造的主要引擎，对创造股东价值的贡献高达90%。

如果想知道什么是倍数扩张以及倍数扩张如何运作，不妨把它想象成买一栋价值10万美元的房屋。这栋房屋需要打理一番，于是你粉刷墙壁，安装新的电器，并修理屋顶。换句话说，你修复了核心。然后你把房屋放到市场出售，它的价值就变成了20万美元。恭喜你，你的房屋的价值刚刚增加了一倍。假设你认为房屋的售价还可以更高，聘请了一家分期公司和一名专业摄影师，并写了一篇文章介绍待售"新房"所在社区的便利设施，如公园、咖啡店和餐厅，然后你把房屋放回市场，瞧，市场现在认为你的房屋值30万美元，增加了两倍。花点时间讲故事也不错嘛。

许多"钛经济"公司都没在讲故事上花时间。此外，就像改造厨房和浴室一样，有一些特定的东西对倍数扩张影响更大，即收入质量和公司监管。谈到收入质量，销售的类型很重要。我们的研究表明，拥有强劲经常性收入来源的公司，其估值是一次性收入来源公司的7倍。因此，如果给（一次性）产品配备一个传感器，为客户持续提供其产品和与其他用户进行基准测试的数据，能让你收取一点额外费用，那么经常性收入流对投资者的意义就无比重大。

在治理方面，多元化董事会组成、较高的分析师覆盖度和低流动性投资者股份变动都有利于倍数扩张。但这些还不够。当公司为了提高收入质量、改进公司监管而做出改变时，也要向市场说明情况，以便投资者理解这种提高和改进。很多工业公司在这一方面仍有所欠缺。

　　结合 HEICO 这样的程序化并购方式，专注于倍数扩张，在核心业务运营公司使用最新的数字技术，任何一家工业公司都有可能成为"钛经济"的一分子。许多公司可以而且正在借鉴 HEICO 的模式，并根据自己的情况进行调整，以实现更高水平的财务绩效，为客户、股东、员工及所在社区创造最大的价值。

第五章

微观垂直市场的力量

2018年，威廉·约翰逊接任慧而特公司的首席执行官职位。上任后不久，他就要求会晤该公司的工程主管——天才里克·卡伦。约翰逊对这次会面抱有很高的期望。卡伦毕业于麻省理工学院，拥有很多专利，深受业界人士的敬重。约翰逊没有失望。"我和他仅谈了10分钟，就看出他是一个才华横溢的人，对创造充满激情，"从美国海军军官兼核电工程师做起的约翰逊说，"显然，他是领导我们进行创新的最佳人选。"

慧而特是一家领先的厨房设备制造商，2015年从马尼托瓦克起重设备公司（Manitowoc Crane Company）剥离出来，背负着前母公司沉重的企业债。约翰逊接任首席执行官时，慧而特的董事会——持有公司8.4%股份的第一大股东卡尔·伊坎也在其中——明确要求他削减成本、推动技术进步，让公司变得更高效、更灵活、更敏捷。为了实现这一目标，约翰逊意识到他需要帮助卡伦削减那些耗费大量时间的琐事。

约翰逊回忆道:"卡伦列出了一份写有10项优先事项的清单。"他告诉卡伦:"里克,我想把你从工程部调走。我希望你成为这个行业创新和数字化的领导者。"

卡伦说他不确定自己是否愿意离开工程部。"他们在一起工作很长时间了,"约翰逊解释说,"当时我看着他,问道:'里克,你真的想整天处理人际问题吗?还是想把时间花在创新和拯救公司的发展上?'"

这招奏效了。卡伦问:"你想让我做什么?"约翰逊毫不犹豫地回答:"做一个通用控制器。"

不夸张地说,任务很艰巨,但只要卡伦成功完成,就能改变游戏规则。这个想法源于约翰逊对餐馆和大型食品服务提供商一个最棘手的问题的深入了解,该问题不仅浪费了这些利润微薄的企业大量的食品资源,也耗费了员工宝贵的时间。

慧而特就是我们所说的微观垂直行业的领导者,一个在专业细分市场中由10到15家公司组成的小型集群。"钛经济"不是整块的"巨石",而是由90个微观垂直行业组成的。微观垂直行业至少要具备同类客户、应用程序和终端市场三个条件。每一个微观垂直行业都有自己的特点、竞争动态和结构,为一小群目标客户提供服务,并归属于一个大行业。例如,与电子元件设备相关的微观垂直行业有21个,激光装置和激光传感器就是其中的两个。麦肯锡随时都在关注大约300家微观垂直行业的龙头企业。龙头企业通常被视为"一个行业的代表",因为它们引领并掌握了整个微观垂直行业的节奏。微观垂直行业的参与方相互竞争、合作、合并,形成了一个"和平共处的社会",而科技行业则更倾向于"征服世界"。

一些微观垂直行业比较"年轻",如电动汽车电池生产;而另一些行业则属于"常青树",如工业废弃物处理、飞机和航空航天零部件及设备、电机和发电机、模块化建筑材料和工业厨房电器(慧而特在该领域正与少数几家公司竞争领袖地位)。虽然每个微观垂直行业的覆盖面有限,但其市场规模都不小。工业厨房设备市场高达 800 亿美元。总部位于伊利诺伊州的美得彼公司占据了该市场的最大份额,它与慧而特公司是细致了解客户需求以推动所有创新的典范。

破解"黑匣子"

走进商业厨房,你会发现这里有着各种设备,包括炉灶、烤箱、冰箱、步入式冰柜、暖通空调系统等大件物品,还有浓缩咖啡机、制冰机、炸锅等专业用具。每台设备都需要密切监管和定期维护。拿冰箱来说,温度高上几度,食物就会变质;温度低上几度,食物就会丧失营养价值和风味。此外,员工可能因为忙于服务顾客,没有注意到这种轻微的温度变化,从而导致数千美元的食物浪费或者向顾客提供变质的食物,严重损害企业的声誉。

因此,很多餐厅每天都会安排一名管理人员专门检查这些关键设备。这种监管方式不仅耗费时间,而且容易出现错误。约翰逊想要利用尖端的智能技术来实现自动化检查。他解释说:"首先要给这些厨房设备开发一种通用的控制器和用户界面。"

约翰逊和卡伦对食品服务行业有很深的了解——约翰逊曾在都福(Dover)担任高管,都福是一家冷藏系统和食品设备制造公司——他们明白,推广这种用户界面将产生巨大的回报。工人们瞬间就能跟踪所有设备,并且可以从管理办公室或工人家中访问该系统。当读数超过可接受范围时,传感器会主动发出警报。

而有了设备状态报告和警报日志，就能看到安全检查和审查的读数记录。更重要的是，通用控制器使厨师烹饪的食品质量更高。只要确定了某种食物的烹饪时间和温度，比如多长时间、多高温度才能做出我们都喜欢的香脆炸薯条，就可以把这些信息写成程序植入连锁店的所有炸锅机器，确保在工人轮班的情况下，甚至在不同的门店都能保持相同的烹饪质量。

简而言之，用约翰逊的话说，卡伦必须提出"一个世界级的连接解决方案"。这个项目说明，"钛经济"公司为高技能的工程师和设计师提供了将其技能应用到开创性工作中的机会。卡伦组建了一个新的团队，团队成员具有创建界面和使用智能技术方面的专业知识。即便如此，该团队能否完成这个壮举仍是未知数。

他们需要重新设计每一件设备，使其在相同的语言环境、集中的信息体系结构中工作，而每一件设备的专业化程度都很高，并且技术复杂。这些不是那种替换一两个部件就能被系统控制的简单电器。

慧而特公司致力于生产一系列卓越的高性能设备，公司的前身是1929年由亨利·赫希和亚历山大·赫希两兄弟创立的慧而特灶具公司，已经发展了相当长的时间。公司总部原本设在纽约市，现在改迁至佛罗里达州坦帕市附近的悠闲小镇纽波特里奇，在纽约、俄亥俄州的克利夫兰、路易斯安那州的什里夫波特和密歇根州的芒特普莱森特均有业务。与许多"钛经济"公司总部喜欢的社区一样，纽波特里奇是一个非常适合居住的地方。这里有

第五章　微观垂直市场的力量　097

一条商店、餐厅林立的风情街，还有美丽的海滩和公园。通常来说，员工们有充足的时间去享受镇上的各种美食，下班回家也能赶上吃晚饭。但是卡伦带领的控制器开发团队不在此列。

公司高层已经将该项目定为慧而特的首要任务，给卡伦的时间非常有限，因此团队要加班加点研究如何让高度差异化的机器协同工作。"想一想你拥有的第一台冰箱，"约翰逊回忆起卡伦及其团队所面临的难题，强调现在的冰箱要先进得多，"如今的能耗和成本相比以前微不足道。我们生产的煎锅、烤架和冷冻机也是如此。"例如，Merrychef系列中有烹饪时间极短、无通风操作的高速烤箱等特色产品；Flymaster系列配备了全自动过滤器和油质量传感器；面条机可通过电子编程控制；Garland系列的操作台面、烤架和烤具都使用感应技术进行精确的温度控制；Lincoln烤箱采用空气冲击技术，可以快速加热、烧煮、烘烤、脆化，所以每次出炉的比萨都能拥有完美的硬皮。

卡伦只好带领团队重新设计各种机器，使其在新控制器的调度下发挥作用，而控制器也需要将每台机器都集成到一个功能系统中。所有机器都必须彼此沟通，并保障慧而特公司的三项服务：售后服务（KitchenCare）、集成厨房系统（FitKitchen）、基于"云"的数字平台解决方案（KitchenConnect）。

物联网的出现和飞速发展，为消费者带来了智能门铃、烟雾报警器和吸尘器。尽管众多媒体都将目光投向了硅谷的"科技明星们"，但工业科技公司一直在把握机会，将智能技术引入制造过程和产品之中。如今，每台泵机、电机、压缩机、输送机和枪机都能生成数据，只需点击一下按钮就能诊断故障，自主决定需要做好哪些维护，并在零件损坏之前进行更换。操作员也能精确控制设备，收集并分析各种数据，以发现提高机器性能的机会。慧而特的目标是赋予其产品收集温度、流量、压力、湿度等数据的能力，这样客户就可以在同一个用户友好型界面上实时查看设备的状况。

在智能技术方面不用费什么力气，触摸屏、传感器、与最新定制软件匹配的条形码都是现成的。这项工作最困难的地方在于，卡伦需要带领团队从头开始创建统一的架构，以便用专有的控制器和由定制软件驱动的触摸屏来控制厨房系统。这意味着整条产品线都要安装相同的基础硬件，计算机芯片、传感器等材料也要满足数百万台设备的需求。这个架构不能改变每款产品独特的功能和完整的规格——其中多款产品还是卡伦担任工程主管期间开发的。

3年后，任务完成了。2021年，慧而特推出了一条完全集成的产品线，所有操作都通过一个通用控制器触摸屏进行，触摸屏上方写着"让创新一览无余"，下方是一个用户友好的仪表盘。

里克·卡伦于2021年意外去世，但他在去世前已经看到了通用控制器创新给商用电器行业带来的改变，以及给各利益相关者创造的价值。

"通用控制器是我们这个行业现代化的重要一步，"约翰逊说,"出乎意料的是,它还有助于缓解供应链短缺问题。"他们不仅可以储备所需的零件,以防延误;而且由于无论是烤箱还是冰箱,所有产品都使用同一个控制器,他们还可以将零件储备起来,然后根据不同企业和不同平台的需求进行调配。"这是一个节省成本的策略,因为现在我们的机器全都统一了。"

这种统一还有一个好处,那就是在需要时慧而特可以更快地进行扩张。公司很容易就能提高产量满足需求。由于控制器相同,也无须对员工进行再培训。同时,客户购买产品后,用户友好型界面也使培训更容易、更统一,有利于慧而特及其客户全面削减成本。软件升级可应用于各条产品线,品牌改进也可以扩展到所有产品线。"现在,我们的设备全都数字化了,很容易就能连接到慧而特的每个部门。"约翰逊补充说。它还促进了保修索赔和销售工作的开展。

这项创新正在改变公司:2021年,慧而特的净销售额比上一年增长了92%,调整后的税息折旧及摊销前利润从9.6%增长到18.6%,几乎翻了一番;净利润为3 160万美元,而2020年净亏损3 250万美元。从亏损到盈利,这一转变在很大程度上要归功于通用控制器,它使客户更愿意购买公司的其他产品而不是混配设备。他们的努力取得了巨大的成功,公司成长为行业代表。2021年,意大利食品服务行业领导者阿里集团(Ali Group)以35亿美元的总股本价值和48亿美元的企业价值收购了慧而特,并且是全现金交易,希望打造行业领先的餐饮服务设备供应商。

在"钛经济"领域，数据中蕴藏着新的财富。那些能够收集、梳理、连接并将流经企业的数据货币化的公司将成为行业领袖，慧而特正是通过将其产品线整合到通用架构下做到了这一点。但整合也有其他不同的表现方式。

清新空气

关于创新，那些外来者因以全新视角彻底改变传统市场而受到了公众的关注。在利用微观垂直专业知识的"钛经济"公司中，慧而特式的伟大创新是由内部人士实现的，他们能够发现并且把握应用新技术颠覆公司业务的机会。他们为工程师、产品设计师、运营和供应链专家创造条件，利用先进新技术找到新方法为客户创造价值。因此，他们有时也会解决其垂直领域内长期存在的问题，并在此过程中显著提高客户的业绩和运营水平。

CaptiveAire 便抓住了工业厨房微观垂直领域通风系统利基市场的机会，成为美国工业厨房通风系统的行业领袖。这家公司在艾奥瓦州、俄克拉何马州、加利福尼亚州、佛罗里达州、宾夕法尼亚州以及总部所在的北卡罗来纳州均有业务，拥有 12 000 名员工，年收入超过 5 亿美元。

"让我们面对现实吧，电脑可以控制几乎所有的东西。"CaptiveAire 的创始人兼首席执行官罗伯特·勒迪说，"一切都在网络化，IT 系统成为重中之重，我们已经变成一家高科技公司。"勒迪是一名退役军官，说起话来开门见山。他要求 CaptiveAire 的工程师不断创新，并培育了一种公司文化，即好的想法不问出处，只看它能否经得住反复验证，验证成功便采用，验证失败则立马转向新想法。

1978年，勒迪用1 300美元在北卡罗来纳州罗利的一个单间作坊里创办了现在的CaptiveAire。公司最初名为"大西洋消防系统"（Atlantic Fire Systems），专门为餐馆生产灭火器。公司第一年就赚了29.7万美元，到1979年收入增长到100万美元，勒迪发现利基市场机会的能力得到了验证。

在与餐馆合作的过程中，勒迪又发现了餐馆对于工业厨房通风系统的需求。工业厨房通风的问题在于，每台烹饪设备都需要一个通风系统，但是大多数通风系统几十年来都没有更新过。他指出："简单地说，餐馆的厨房又热又油腻，令人难受。当时，厨房通风行业发展缓慢，很多产品的质量都达不到现代餐馆的要求。"

20世纪下半叶，很多餐馆采用的系统数十年来都以相同的方式运作：用排气罩收集油烟、热空气、油脂和烟雾后，通过天花板上的一系列管道将它们输送至通常安装在屋顶上的排气扇排出。同时，通常也用安装在屋顶上的所谓"新风机组"将外部空气泵入建筑物，帮助维持适当的气流和建筑压力。但是，这些通风系统不仅会使病毒、气味和其他飘浮在空气中的污染物再次流通起来，而且由于零部件的生产厂商各不相同，整个系统天生效率低下。因此，当旧的通风系统发生故障时，不仅维修难，费用也高。

勒迪将灭火技术应用到厨房排气罩中,并改进了通风技术。他不断研发,找到了很多可以有所改进的空间。回忆起刚入行时厨房通风系统的糟糕状况,他说:"废气流速度很快,消耗了过多的能量,抽油烟机不太可靠,而且现有的系统会使人不舒服。"于是,他要求公司团队改造传统的通风系统,提高每分钟立方英尺[①]单位内循环空气的速度和效率,同时更好地控制刺激物。

最近,公司团队正在着手研发一个变革性新系统,利用包括智能技术在内的先进工程理论,取代长期占据主导地位的新风设备。公司研发部门的机械工程师约翰·赫斯说:"仅仅因为在过去的10年、15年甚至更长的时间里都以这样的方式运作,并不意味着这种方式就是正确的。你必须始终保持创新。你必须对现有的新技术持开放态度。"这种对变革的拥抱,甚至是对公司支柱产品的拥抱,是许多"钛经济"公司迅速突破传统思维的一个典型例子。CaptiveAire的工程和制造总裁比尔·格里芬强调:"20多年来,我们一直在推广专用新风系统。"不过,随着近年来技术的不断进步,他和下属都意识到了他们的产品仍有很大的提升空间。

格里芬解释道:"我们停下来花了一些时间思考,发现厨房屋顶上有多台设备都在干同一件事。我们想淘汰新风机组,淘汰

[①] 1立方英尺 ≈ 0.03立方米。——编者注

空气室，淘汰厨房里的回风管道和远程终端单元，然后在厨房和餐厅各安装一个机组，取代那些重复的设备。"

CaptiveAire 生产的"专用室外空气系统"优势明显。首先，系统涉及的处理过程较少——每个房间只需安装一套——因此管道系统就简单多了。公司重新设计的通风管道无须吊顶（无数餐馆老板的烦恼之源）。其次，减少屋顶承重也减轻了结构压力。这两个方面大大降低了安装成本，维修也更容易、更便宜。最重要的是，因为排气罩中的新风系统被专用室外空气系统取代，所以空气紊流变少了，能源消耗也降低了。随着更多的新鲜空气进入厨房，温度得到了更好的控制，对再循环空气的需求自然也随之减少。

"这是思想体系的一个重大改变，"格里芬说，"不是只关注排气罩，或者只关注新风机组，而是把每一种通风装置都看成整体的一部分。"因此，餐馆无须再在吊顶中隐藏庞大、冗余的管道，但这样做的好处不仅仅是美观。系统越简单，处理过程就越少，这意味着可能发生故障的装置也越少。

格里芬说："专用室外空气系统在厨房通风行业造成的变革，是我记忆中最大的变革之一。"CaptiveAire 没有四处购买零部件，而是决定全部自己生产。"我们全都自己造，确保它们可兼容、可持续。这花了很长时间。"他补充道。

"钛经济"创新过程中经常出现"一体化"主题，利用方式也多种多样。CaptiveAire 和慧而特这两家公司都具有开发一体化设备的能力。该微观垂直领域还有一个主要的创新企业，那就是位于伊利诺伊州埃尔金的美得彼公司。美得彼凭借其对行业的深刻理解，通过精明的公司收购实施垂直一体化策略，成为全球最大的商用烹饪设备制造商。在此过程中，美得彼极大地增强了公司的技术能力。

同一"屋檐"下

作为你可能从未听说过的工业巨头,美得彼在食品准备和服务领域拥有 90 家公司,且数量还在不断增长。这种一体化让美得彼成为微观垂直行业的龙头。公司的产品包罗万象,从家庭烘焙师梦寐以求的维京系列到食品生产商专用的传送带烤箱,应有尽有。它对创新独具慧眼,因此能抢购到热门公司,2010—2019 年共完成 50 次收购,在同一"屋檐"下建立起产品与公司堡垒。

如果你想看看未来的餐饮服务是什么样子的,那就乘飞机降落到达拉斯的拉夫菲尔德机场,沿着萨姆·雷伯恩收费公路行驶 15 分钟,从斯坦德里奇车道出口驶出,进入不起眼的企业园区。你会在一片盒子状的建筑物中发现一个几乎和足球场一样大的厨房设备主题乐园。

美得彼创新厨房面向所有人开放,展出了 150 多种由公司生产的食品和饮料准备工具。一面墙前,排列着闪闪发亮的炉具,另一面墙前,花岗岩台面上摆放着白色餐盘和葡萄酒杯,四周是最新的高端厨房设备。邻近的角落立着一个火炉,旁边是两个筒式烤炉。

这里已成为食品专业人士的"迪士尼乐园"。美得彼的厨师会烹饪、上菜、清理餐盘。更妙的是,你还能随时体验餐馆、配送服务或食品品牌用得到的技术。餐馆和快餐店的经营者可以探究这些设备,在广阔的展示空间里观察不同部件的组合方式,仔细查看厨房或食品准备区。

创新厨房负责人、美得彼主厨拉塞尔·斯科特解释说,公司认为创新厨房能显著改进向客户展示新产品的方式。"我们复盘了食品展会,问自己:'我们该如何改进?'你可以来这里提出特定的要求,或者探索想要发展的领域。无论是比萨烤箱、低温烹调、饮料,还是各种制冷技术,我们的产品涵盖了你能想到的每一种烹饪类型和应用。我们对所有的待客之道都做了深入研究,并在这里展示出来。"

"我就像糖果店里的孩子,"他说,"每天在这里使用不同的设备工作和学习。"

在前任董事长兼首席执行官塞利姆·巴苏勒(于2019年离开公司)和现任首席执行官蒂莫西·菲茨杰拉德的领导下,美得彼在挖掘新客户行为和新技术应用方面表现出色。例如,该公司收购了烧烤架制造商 Kamado Joe 和 Masterbuilt,发现了户外烹饪大幅增加的趋势,并把握住了机会,尽管这一机会始于新冠肺炎疫情发生之前,但疫情大大加快了其发展速度。例如,2020年燃气烤炉的总销量增长了37%。同样,随着食品加工逐渐自动化，2018 年对意大利兰戈内新堡 Ve.Ma.C. 公司的收购给美得彼锦上添花。该公司为蛋白质食品加工生产线设计机器人解决方案，年收入为 1 500 万美元。

这种占领利基市场并在竞争中处于领先地位的能力来源于美得彼深厚的行业专长。2020 年新冠肺炎疫情发生后，它把握时机为幽灵厨房提供服务，以满足日益增长的食品外卖需求。幽灵厨房推动了独立厨师、食品品牌和小摊贩的兴起，它就像厨师的共享办公空间。美得彼幽灵厨房由一系列商业级设备组成，方便厨师准备食物以及来自 Uber Eats、Grubhub 等众多外卖平台的第三方取货。

公司了解客户的"痛点"，坚持"问题没有大小之分"的理念，因此能够抓住由 Skyflo 等带来的机会。Skyflo 是一项智能技术，通过 L2F 公司开发的产品实现。L2F 是一家厨房机器人产品制造公司，于 2018 年被美得彼收购。作为一种无线控制设备，在葡萄酒和烈性酒的酒瓶上安装 Skyflo，可以帮助服务员控制每次的倒酒量，避免出现少倒或多倒的情况。这样一来，酒吧、餐馆、音乐厅和体育场的经营者就能根据倒酒量跟踪销售和库存。一位股票分析师对这种一体化利基市场的评论是："即使是像冰激凌机这样简单的东西，它也能通过内部杠杆创造出价值更高的产品，增加收购利润，并在向客户提供又一价值产品的过程中发展与其的关系。"

与 HEICO 等"钛经济"明星公司一样，美得彼也遵循如下策略：通过技术创造更大价值，利用额外收益进行协同收购，从而在微观垂直领域占据领先优势。

随着美得彼收购的公司越来越多，产品也越来越丰富，它们在美得彼创新厨房集中亮相，向客户展示各种令人瞠目结舌的新技术。而且，你不用再去达拉斯了。如今，18个美得彼试验厨房在全国组成网络，覆盖了从快餐连锁店到酒店行业各个方面的潜在新老客户。

2010—2020年，公司的复合年均增长率为16%，累计销售额接近30亿美元。其中，2020财年84%的有机销售额和16%的非有机销售额由收购创造。即使新冠肺炎疫情引发的"钛经济"不确定性持续存在，美得彼2021年第二季度的净销售额也飙升了70%以上，同比增长了近72%。换句话说，如果你在2015年购买1 000美元的美得彼股票，到2021年就会获得10万美元的回报——这比投资科技五巨头划算多了。

在当今这个"不是你死就是我亡"的商业环境中，倒在创业第一年的科技初创公司数以千计，因为它们无法实行自己的商业计划，也不能灵活快速地改变方向。微观垂直行业的工业科技公司却不然。它们深挖自己的行业专长，踏实走好每一步，采取战略性举措，向竞争性强的空白市场进军。就像慧而特和美得彼一样，很多公司都占据了共生系统中的利基市场，甚至在竞争激烈的微观垂直领域与行业龙头一较高下。这些微观垂直领域大多具有巨大的增长空间。慧而特和美得彼这两家最大的上市公司，加起来才控制了整个市场的 10%。雄心勃勃的创新者如果想寻求发挥自身工程和设计能力的良机，就应该将目光转向这些微观垂直领域；投资者也一样。新智能技术在这些细分市场的应用与突破才刚刚开始。

第六章

○

伟大的放大周期

传统观点认为，自20世纪70年代以来，美国制造业的工作岗位就已流向墨西哥和亚洲。这种说法没错。密歇根州有弗林特（因汽车行业工作岗位的流失而一蹶不振），南卡罗来纳州也有辛普森维尔。辛普森维尔曾经是一个非常繁荣的工业小镇，位于格林维尔县，拥有25 000名居民，隶属被称为"黄金地带"的工业技术中心。该地带靠近北卡罗来纳州和南卡罗来纳州的边界附近，还包括南卡罗来纳州的莫尔丁和方廷因，是麦格纳、博世力士乐、三菱化学等工业科技公司的所在地。

作为欣欣向荣的纺织和服装制作中心，"黄金地带"的企业在20世纪60年代开始大规模向亚洲转移，鉴于当地经济对该行业的依赖程度，这可能会导致该地区陷入长期的经济萧条。然而，事实却相反。工业科技公司集群式发展、全面起势的过程，也就是我们现在所说的"伟大的放大周期"，使处于"黄金地带"的城镇获益匪浅。如同1948—1973年的美国工业部门巅峰期，制造业中心在美国核心区域蓬勃发展,"钛经济"中心则在美国各地蒸蒸日上。一旦有一家或几家骨干企业吸引到源源不断的人才和投资,它们的增长往往就会加速,从而吸引更多的公司、更多的人才和投资,最终形成经济增长的惯性。这是"伟大的放大周期"的标志。

就"黄金地带"的城镇来说,经济增速始于20世纪80年代中期,米其林轮胎公司决定将北美总部设在格林维尔县。该公司自20世纪70年代以来一直在"黄金地带"经营一家工厂。米其林一确立这个滩头阵地,其他公司就注意到了,并对该地区良好的商业环境印象深刻。同为轮胎公司的普利司通紧随其后,还有汽车制造商宝马,后者的先进生产线需要大量工程师和技工。很快,该地区不仅造起了高端汽车,还开始生产宽体飞机、医疗设备和先进材料。

就像底特律的汽车工业和北加利福尼亚州的高技术产业一样,工业科技公司的集群发展使它们充分发挥了协同效应(我们从弗吉尼亚州布莱克斯堡的产业繁荣中也看到了这一点),大学和社区学院也在其中发挥了重要作用(众所周知,硅谷的情况就是如此)。州政府、地方政府、智囊团和私人机构通过建立、推广企业园区,实施、完善招聘激励措施推动了这一过程。为了支持这些企业,南卡罗来纳州还改善了道路等基础设施。

"钛经济"中心散落在被称为"硅草原"的地带,包括得克萨斯州的休斯敦和达拉斯-沃斯堡,美国中西部上段的芝加哥和密尔沃基，佛罗里达州的坦帕和迈阿密，以及内布拉斯加州的奥马哈。但它们实际上无处不在。这些"钛经济"中心与底特律和硅谷的重要区别就在于工业多样性的增强。在大辛普森维尔地区，除了宝马和米其林，你还会发现拖拉机和农业设备公司卡特彼勒、地板产品制造商创科实业（Techtronic Industries）、钢铁生产商蒂森克虏伯等。这种多样性可以防止社区空心化，就算该社区过度依赖一个行业或一家公司，也能在该行业或公司陷入低迷的情况下由其他行业或企业弥补。

威斯康星州的简斯维尔就是一个反面典型，它因为《简斯维尔》这本书走进了大众视野。这座曾经热闹非凡的城市严重依赖通用汽车下属的一家工厂。多年以来，工厂为居民提供了稳定、收入丰厚的工作。20世纪70年代，工厂雇用的员工多达7 100名，开出的薪水足以让他们维持舒适的中产阶级生活方式，比如购买漂亮的房屋或者送孩子去上大学。但伴随着美国汽车工业长达几十年的巨变，2008年12月，工厂关闭了。

这对简斯维尔的很多居民造成了毁灭性打击。有些家庭一家三代都在该厂工作。但工厂关闭远不只影响当地家庭那么简单，还导致了与"伟大的放大周期"相反的后果。一家为该工厂生产汽车座椅的制造商很快就因为失去客户而被迫停产，于是又有800人失业。随着简斯维尔的数千户家庭开始削减开支，整个地区的小企业都陷入了困境。美发和美甲沙龙的预约大幅减少，因为老顾客再也负担不起频繁光顾的费用。大家放弃了每周的外出就餐，所以餐馆也举步维艰。房地产经纪人也开始卖不出去房子。

也许最能说明问题严重性的是，符合享受免费或减价午餐条件的学生人数急剧增加，我们通常用这个指标衡量贫困水平。21世纪初，简斯维尔的学生中有 1/3 符合享受免费或减价午餐的条件。但在工厂关闭两年后，这一比例上升到半数以上，有三所小学甚至攀升到 70% 以上，并且在此后几年里都没怎么变过。

麦肯锡全球研究所根据邮政编码、人口统计数据等信息对美国目前的发展趋势进行了建模。单从过去的数据来看，我们发现与科技和服务相关的岗位在城市和郊区都有所增加，而那些曾经拥有较多传统制造业的地方就业岗位流失严重。当我们扩充数据并预测未来时，一个相同的结果反复出现：工业中心的就业岗位流向大都市中心。按照目前的情况预测，占国土总面积 25% 的城市地区将得到全国 60% 的就业机会。如果这种情况继续，那么未来受益的社区屈指可数。

辛普森维尔严重依赖棉纺业，很容易走上与简斯维尔相似的道路。当大爆发带来大繁荣时，这种行业集中也算合情合理。在内战结束后的几十年里，工人们涌向辛普森维尔，居住需求使新的社区如雨后春笋般拔地而起。由于经济繁荣，当地还修建了一条连接辛普森维尔市中心和棉纺厂的电车线路。事实上，工作机会多到人们选择从高中辍学去工厂工作，因为工资高得离谱。世事难料，或许只有女巫才能透过神奇的水晶球看到美国纺织业的迅速衰落。20世纪70年代是该行业的鼎盛时期，多达400家纺织厂扎堆在美国南方，蓬勃发展。然而，后来这一数字逐年减少，到2001年，该行业近乎崩溃。

许多依赖棉纺业的社区都像简斯维尔一样落入低谷。南卡罗来纳州当时是美国最贫穷的州之一，基础设施有限，经济停滞不前，但市政领导者意识到，他们有大片土地可以用来建造新型仓库和工厂，应该通过招商引资振兴经济。公共和私人利益相关方互相合作，改善了港口、道路等基础设施。为了吸引新的工业，南卡罗来纳州州长欧内斯特·霍林斯早在20世纪60年代初就开始推动技术教育的发展，并于1962年建立了该州的第一所技术学院。经过40年的发展，当棉花糖般的大轮胎吉祥物到来时，州政府已经做好了准备。米其林北美公司和地方政府事务及社区关系主管威尔·惠特利说："45年前吸引米其林到南卡罗来纳州办厂的关键因素之一就是，这里拥有技术娴熟、才华横溢的劳动力队伍。"

米其林公司总部位于格林维尔县，现有9 000名员工，分布在该州的14个工厂。还有12家知名公司和制造工厂在"黄金地带"扎根。波音公司在该地区拥有5 700名员工，生产787梦幻客机。洛克希德-马丁公司生产战斗机。坐落在格里尔的宝马工厂，汽车产能在全球宝马工厂中独领风骚。沃尔沃于2018年开设了一家生产中型轿车的工厂。这里还有奔驰和生产家用电器的三星。

随着涌入的新工人开始带动当地消费，辛普森维尔的一些小型工业科技公司也开始受益。希悦尔公司便是如此。

清早开车从北枫树街驶入希悦尔工厂的停车场时，经理唐纳德·赫伯特经常看到刚下夜班的员工们聚在一起聊天。对于镇上的很多居民来说，这家工厂不仅是工作场所，也是非正式的社区中心。节日期间，工厂会面向所有社区居民举办派对。员工们制作饼干，进行节日主题活动并赠送礼物，还有圣诞老人倾听孩子们诉说愿望。希悦尔对辛普森维尔及周边地区居民生活的影响远不止举办几场人人参加的节日派对这么简单。公司的志愿者们全年轮流打扫和粉刷该地区免费给穷人看病的医疗诊所，他们甚至会自带压力清洗机和粉刷用品。"诊所的工作人员很感激，"赫伯特说，"因为我们的员工不会漏掉任何一个角落。"

在辛普森维尔，工作机会众多，学校教育体系完善，医疗保健也高于平均水平。它的失业率为 3.6%（是该州失业率最低的地区之一），家庭年收入中位数为 71 990 美元，房价中位数为 17.34 万美元。与此同时，格林维尔县学区有 13 所小学位列 2018 年南卡罗来纳州 50 强。辛普森维尔还拥有令人惊叹的文化活力。尽管这座小镇的人口较少，但它在遗址公园有一片开阔的户外音乐会场地，吸引了桑塔纳乐队、数乌鸦乐队、三门倒乐队等知名艺术家团体。所有这些都让新居民向往。事实上，辛普森维尔目前是南卡罗来纳州发展最快的地区之一，被 Zippia（专注于职场信息和就业服务的网站）评为该州最适合职业女性居住的城镇之一。而 HomeSnacks（房产报告网站）则自 2018 年起每年都将辛普森维尔列入"南卡罗来纳州十大最佳居住地"榜单。HomeSnacks 是一家数据提供商，它将美国人口普查数据与其他许多数据来源结合起来，旨在挖掘隐藏的地区瑰宝。

希悦尔是城镇繁荣的关键，因为赚了钱的工人会去当地企业消费。公司一路披荆斩棘才走到今天。1955 年，两名工程师创办该公司，生产一种兼具隔音功能的创新墙纸。虽然墙纸没做成功，但他们的发明以另一种形式成为商业热门。

"人人都知道我们是一家气泡膜公司。我们拥有发明专利。仔细想想，你可能每天都在接触我们的产品。"希悦尔的首席执行官特德·多希尼说，"你会收到一个用气泡膜包装的电子商务包裹，也会在当地超市买到用我们公司的产品包裹的肉。"

希悦尔现在是包装行业的引领者，为食品和消费品行业生产由各种先进材料制成的、具有新功能的包装材料。多希尼解释道："我们正在重塑自己，希望成为世界一流的数字化驱动公司，通过自动化技术为客户提供可持续包装解决方案。我们正在大力研发可持续材料，以实现无塑料世界，并在消除塑料废弃物方面居于领先地位。2018 年，我们签署协议，确认到 2025 年全部使用可回收和可重复使用包装材料。我们还在投资区块链，以百分之百实现包装的可追溯性。"嵌有区块链代码的肉制品包装可用数字技术扫描，以跟踪生产商、包装商和分销商的监管链。该数字块可以防止假冒肉类，同时还包含来源和营养等可扫描的信息，以满足那些想知道食物来自哪里以及是否可持续的消费者的需要。多希尼补充道："目标是一切行动的动力，我们专注于保护，应对紧迫的包装挑战，让世界变得比我们想象中更美好。"

希悦尔在辛普森维尔的大型工厂占地 140 万平方英尺，拥有 1 000 多名员工，全年无休，日夜生产。自 2018 年以来，希悦尔的税息折旧及摊销前利润实现了持续增长，每季度增长 9% 以上（相当于利润率增长了 400 多个基点）。因此，该公司在同行中脱颖而出，被我们列为表现优秀的公司之一。

美国工厂的用工缺口高达 50 万人，严重阻碍了工业增长。同整个制造业的情况一样，希悦尔也面临人才不足的挑战。为了解决这个问题，希悦尔与当地许多教育机构建立了良好关系，包括一些小学。公司在一系列活动中与中小学学生会合作，协助学生完成从设计 T 恤到撰写使命宣言、开展领导力研究等项目。这样做一方面是出于公民意识，另一方面也是为自己考虑。"我们在食品包装方面为社区提供教育。"赫伯特在谈到他的社区参与小组时说，"我们告诉他们，我们所做的事情不只包装那么简单，而是为了保质、防止食物浪费、创新塑料回收方式以及减少温室气体排放。我们向他们展示新的行业技术，这通常会引起学生的兴趣，从而让我们能够谈一谈制造业职位空缺的事。"

此外，希悦尔还协助辛普森维尔社区服务中心举办普通教育新手训练营和招聘会，并为格林维尔技术学院和斯帕坦堡社区大学的学生提供为期 18 个月的勤工俭学岗位。学生做兼职每小时可以挣 18 美元，公司还为他们支付学费和书本费。这些高中生学到的技能将让他们受益终身，并有助于找到高质量的工作。有些学生还通过"卡罗来纳学徒"等项目获取奖学金，用来支付技术培训费。这些项目已经帮助卡罗来纳州在人才数量方面跻身全国前列：装配人才量排名第二，检验员、测试员、分拣员和采样员排名第三，工业技术人员排名第四——这在很大程度上归功于社区学院和技术学校。

该州的两所公立研究型大学克莱姆森大学和南卡罗来纳大学培养了大量毕业生，希悦尔等格林维尔县的制造商与这些学校就"科技学者"计划密切合作，在回馈社区的同时也有助于招聘人才。克莱姆森大学先进材料中心和南卡罗来纳大学电化学工程中心都在推动研究和创新，并培养了一批技术工人。材料科学已经成为一门独立的专业，先进材料之于 21 世纪，正如纺织面料之于 20 世纪，这样对比再恰当不过！

希悦尔的人力资源团队必须与附近的知名工业公司竞争人才，比如米其林、通用电气和宝马，但他们毫无惧色。因为希悦尔的薪酬和福利极具竞争力，管理层和员工皆以公司文化为傲——工厂经理唐纳德·赫伯特说，这比任何宣传或招聘广告都有效。更何况，希悦尔注重招聘和晋升政策的多元化，员工中女性占比 31.3%、少数族裔占比 40.9%。同许多成功的工业科技公司一样，希悦尔对新移民家庭一直有着极大的吸引力。发展工业技术中心有望借助增长势头吸引技术工人和儿童稳定涌入，而这些儿童在长大后可能也会为"黄金地带"工作。

随着"伟大的放大周期"的继续，各类企业不断涌向辛普森维尔，其中包括天然支持工业的公司，如提供仓储服务的Sunland Logistics 和商业清洁公司 Enviro-Master。但这种繁荣对工业基础以外的影响具有明显的乘数效应。全国连锁餐厅马尔科的比萨（Marco's Pizza）已经在大格林维尔地区开设了三家门店，并将第四家门店开在了辛普森维尔的一个购物中心内，旁边还有一家星巴克和一家大众超市（Publix）。蒙台梭利学校艾维布鲁克（Ivybrook）在美国有 40 所分校，为了满足越来越多有小孩家庭的需求，它在南卡罗来纳州的辛普森维尔开办了 5 所分校。美甲沙龙、瑜伽馆和花店在镇上如雨后春笋般涌现。经济增长远未见底。

一千家特斯拉

"黄金地带"这样的工业技术中心甚至给长期陷入困境的美国汽车业带去了活力,这在一定程度上要归功于埃隆·马斯克。他重塑了美国最成熟、最具标志性的消费产品之一,让汽车业重新变得充满吸引力。特斯拉正在做一件人们认为不可能的事情。通过生产新型电动汽车,在高成本的加利福尼亚州而不是在遥远的低成本国家,该品牌正在重新定义什么是工业公司。这家公司的成功有章可循。但成功带来的积极影响和乘数效应却没有得到充分宣传。特斯拉开启了一个非常强劲的"伟大的放大周期"。

特斯拉将汽车制造业带回了加利福尼亚州弗里蒙特市,现在是硅谷地区最大的制造商。它提供了5万个汽车业务、航空航天和替代能源相关岗位,在当地创造了大约55亿美元的经济活动总量。而且还在扩张——不是向海外,而是向内华达州的乡村、纽约州的布法罗和得克萨斯州的奥斯汀。

撇开其工厂为周边社区(比如辛普森维尔内外)供应商和小企业带来的无数好处不谈,特斯拉已成功让汽车制造业重回大众视野。专业人才高调地将特斯拉工作经验写进简历,投资者也渴望通过买入公司股票加强投资组合。

但你会说:"马斯克是独一无二的,他是逆向思维者,是一个疯狂的天才。特斯拉是特例,是独角兽中的独角兽。"我们不同意这种说法,因为我们能在每个行业中找出1 000家类似特斯拉的公司。其他行业领袖秉持的理念与马斯克相差无几,即美国精神的核心在于掌握自己的命运。俗话说:有志者,事竟成。事实上,良好的制造业工作岗位正在回流美国——因新冠肺炎疫情而更加严峻的全球供应链的脆弱性加速了这一趋势。劳动力回流已然加速。美国有望在2021年通过回流或外国直接投资增加22万个就业岗位,比2020年创纪录的16万个就业岗位还多。展望未来,这种回流极有可能飙升38%,达历史新高。

对于许多企业来说,在其他国家制造商品以降低劳动力成本的预期将大打折扣。运费和保险成本飞涨,交货时间也随着产品延误情况的加剧而延长。与此同时,中国的劳动力成本正在上升。为了增加供应链的弹性,企业正在寻找相似或创建更多的供应来源。

"钛经济"对就业机会的再增长做出了重大贡献。目前,在美国的460个县,制造业岗位占就业的20%以上。事实上,工业就业人数从2011年1月的1 160万大幅提升到2021年10月的1 250万——这还是在新冠肺炎疫情发生后。其中,仅食品加工和制造行业的工作岗位就从146万个增加到165万个。

诚然,"铁锈地带"可怕的衰败景象为电视业和摄影业提供了生动的素材，但它们也加深了一种刻板印象，即制造业已死——这是一个完全错误的设想。

不过，尽管"钛中心"几乎可以在任何地方培育，但它们绝不是随便或自发进行的。建立"钛中心"需要企业领导人、地方政府和教育机构之间的战略合作，正是这种合作推动了辛普森维尔的成功。剧本已经准备妥当，我们想对美国各地的社区说：让游戏开始吧。

展望未来，我们期待大小城镇、地带、区域能以协同创新中心为基础，工业界、学术界能同政府携手解决困扰美国及全球各国的各种棘手问题，包括气候变化、对先进卫生技术的需求、基础设施老化和对更多创新的需求。下一章将在家族企业的背景下探讨这些问题。

如果培育得当，则可以确保"钛中心"的创新价值在工业科技供应链中持续增长。各地积累起来的协同效应会大幅提高效率和弹性，从而为业主、工人和当地小企业带来数不清的回报。最重要的是，它还会重振国家的整体竞争力。

第七章

"钛家族"价值观

2021年9月，多特食品公司（Dot Foods）首席执行官乔·特雷西向公司的大型卡车司机发送了一段视频："你们是我们的最后一道防线。面对疯狂、复杂的新冠肺炎疫情，你们每天都在全国各地穿梭，为我们的客户服务，并且做得非常出色。"特雷西想让多特食品公司的司机们体会到他的感激之情，因为在特雷西看来，多特食品公司之所以能在食品行业屹立不倒，是因为它比任何食品企业都能更好地吸引和留住司机。

1960年，特雷西的家族创立了联合乳制品公司，后来根据其母亲、公司联合创始人多萝西的名字改称为多特食品公司。特雷西有11个兄弟姐妹，他在成长过程中接受过经营企业的培训。他的父亲罗伯特·特雷西靠着驾驶旅行车和卡车销售奶粉起家，渐渐扩展到干货、饮料，之后才进行扩张。从那个不起眼的开始到现在，半个多世纪以来，多特食品公司已经成为美国最大的食品再经销商之一。食品再经销是食品行业的一部分，即从销售速度较慢或面临变质风险的制造商那里购买食品产品并储存，再出售给包括分销商和批发商在内的一系列客户。

多特食品公司凭借其利基市场优势获得了巨大收益。它整合了约1 000家制造商的海量产品，通过散货业务订单进行购买并储存——制造商一般不接散货业务订单，因为这样做基本无利可图。客户可以从多特食品公司购买各种产品，想买多少就买多少，从而避免了因库存量过大而被压垮。这种模式的好处之一是，无力外销的小品牌可以借此打开销路。这是因为多特食品公司建有13个配送中心，其中两个位于加拿大，其总部和仓储中心则位于伊利诺伊州的斯特灵山，仓储空间多达420万平方英尺。多特食品公司好比食品行业里的亚马逊，其在物流方式上处于领先地位，因此能比竞争对手更快地运送商品。

结果如何？多特食品公司拥有6 400名员工，年收入约85亿美元。

家族企业在美国企业中占了八成，它们占据了美国GDP（国内生产总值）的大半江山，所提供的工作岗位占到了近六成。有些公司已经发展成为行业巨头，如沃尔玛、嘉吉、大众超市和理想工业。虽然多数家族企业都没能传给第二代——要么倒闭、上市、外聘管理层，要么被卖给其他公司——但那些成功实现传承的企业特别让人印象深刻。

在"钛经济"中，许多表现卓越的公司都是由家族经营的，但它们远远不是大众印象中"家族企业"惯常所指的街角小店或本地餐馆。正如我们所看到的,不少家族企业都是能与行业巨擘一较高下的庞然大物,还有一些则专注于细分市场,而且许多家族企业已经延续了几代人。我们在研究中发现,这些家族企业之所以蓬勃发展,很大程度上是因为它们强烈的目标感和文化感,长期专注于以客户为中心的价值创造,并以此驱动自身发展。简而言之,它们没有受到"短期主义"的祸害。

我们发现,这些公司在打造高质量文化方面投入惊人,并以此培养员工技能和提高员工参与度。一系列研究显示,这些公司相比其他公司更能使员工产生"归属感",也就是一种包容、安全和支持的感觉。这对工作场所的凝聚力至关重要。事实证明,团队凝聚力越强,团队成员就越有可能取得成功、增加工作满意度、提高自尊并减少焦虑。

这种被重视的感觉和凝聚力也会推动创新。关注长期增长为大量投资和发展新技术奠定了基础。这些公司往往比大型上市公司更善于使用机器人、人工智能等先进的工业技术。它们会长期投入,这一点很明显。多特食品公司就具有这些特点。

一如既往穿着公司黑色文化衫的首席执行官乔·特雷西告诉我们,如果不培养一种支持员工的文化,不努力从员工的角度理解在职体验,多特食品公司就没有什么竞争优势了。"我们有80%的员工是蓝领仓储工人和司机,"特雷西说,"到目前为止,我还没见过比新冠肺炎疫情更具挑战性的劳动环境。我们的业务量已经爆单了,但没有员工处理,因为我们一向缺人,司机缺少100名,员工缺口可能达到500名。"

特雷西非常清楚,人员短缺是行业内长期存在的问题,而新冠肺炎疫情加剧了这一问题,他一直在积极寻找解决办法。"员工想要灵活性,所以我们在轮班方面进行了创新,"他解释说,"我们的工作时间不是5天8小时制,而是4天10小时制,周末则采取三班倒,每班12小时。"虽然日程安排紧张且繁重,但对想要额外休假的员工有利。公司的部分仓储工人创建了一个脸书页面,以便大家调换班次和管理时间,就像优步司机等零工经济从业者一样。"如果有人第二天不想上班,那就不上班,"特雷西说,"这对我们的员工队伍很有用,让我们的配送能够跟上需求。"他强调,年轻员工尤其"更关心休假时间的多少,而不是赚加班费"。

多特食品公司还充分利用机器人和自动化设备。特雷西说:"谁也不想在晚上或周末站在冷冻库里扔箱子。"他指出,年轻员工尤其不想干这类活儿,而且研究表明他们离职去寻找其他工作的速度比老一辈员工更快。"但他们都是优秀的工人,我们想留住他们,"特雷西继续道,"所以我们投资了一个移动这些箱子的设备。"正如一些研究所强调的那样,自动化会让很多人的工作和生活质量得到提升,这对"钛经济"来说是绝对真理,因为"钛经济"中有相当一部分工作对体力要求很高。

至于员工的发展,多特食品公司在培训方面也投入了大量资金。同亚马逊等大型仓储公司一样，应聘多特食品公司的仓储岗位不需要简历，也不需要工作经验。公司会将叉车驾驶等技能教给他们。谈到创新，特雷西说："我们比大多数分销企业更能接受新技术，因为依靠旧模式走向未来的家族企业是活不下去的。在我看来，一家企业必须每隔20年左右就进行一次自我革新，找到一种新的商业模式来跟上时代的步伐。这不仅是我的动力，也是我们整个团队的动力。"多特食品公司一直致力于将物流与先进的分析技术相结合，以便客户能尽快收到想要的产品。正是这种意识让多特食品公司扩大了产品线，发展了客户关系。

特雷西解释道，使获取信息更加便利和增加多样性对近年来的分销业务至关重要。"技术给分销方式带来的改变可能不会取代我们的核心业务，"特雷西说，"但它可能会提高项目的毛利润和净利润。这就是为什么我们能够完成业务转型，从了解技术的物流专家转变为真正擅长技术的企业，只不过恰好从事物流行业而已。"将产品装上卡车并运送到某个地方的核心业务没变。然而，恰当的技术可以优化路线，减少卡车的行驶里程，从而降低燃料、劳动力、维修和保险的成本。

作为一家私营企业，多特食品公司从不透露治理信息。但特雷西和他的团队聘请了一名首席信息官，并在近几年加大了招聘技术人员的力度。尽管本质上从事的是运输业务，但特雷西坚信公司的未来在于程序员，因为他们可以将大量产品放到网上，让客户轻松浏览、订购。"公司发展需要什么人，我们就会聘请什

第七章 "钛家族"价值观　135

么人。"

这些人才创建了多特在线平台，目前可向客户提供超过 4.3 万件库存产品，方便分销商将热销产品快速上架。

但多特食品公司的业务远不止供应产品。2021 年 6 月，多特食品公司收购了犹他州一家名为 ShopHero 的专注于食品杂货的电子商务技术公司。通过该公司的一站式解决方案，也就是一个定制的本土品牌电子商务平台，包括网站、手机应用程序以及详细的在线购物选项，当地的食品杂货商可以快速建立在线购物体验。"我们得上传视频和照片——每件产品一张照片可不够，得有五张才行。要想帮助合作伙伴在数字环境中竞争，我们必须做得更好。"特雷西说。

"这是一段漫长的征程，"他反思道，"很多家族工业企业不得不采取与过去截然不同的做法，风险很大，没有犯错的余地。所以不少企业陷入挣扎，觉得自己最终失去客户也不足为奇。"家族企业的领导人还肩负着发扬家族传统的重任。对于一些继承人来说，公司创始人并没有在创业愿景上投入太多热情。但我们发现，当新一代领导人接受公司的创业愿景时，往往会对促使其先辈成功的价值观和目标坚信不疑。

维京海盗与园丁

美国起重机设备公司（ACECO）的首席执行官卡伦·诺尔海姆就是这样一位第二代领导人。虽然她原本并没有接替父亲担任首席执行官的打算，但她还是对制造业产生了热情。

20世纪中期，她的父亲奥德瓦尔从挪威的一个小岛移民到美国时才20岁出头，他在美国起重机公司（American Crane）找到了一份工作。"他从一无所有开始，"诺尔海姆说，"到最终接管了公司。这是一家刚刚起步的公司，没什么业绩，但被他发展成了一家欣欣向荣的企业。"

美国起重机设备公司专业生产定制起重机、吊车和特种作业起重设备，产品在制造业应用广泛。这些设备不是你在城市街道上看见的那种吊装水泥托盘的普通机械装置，而是应用于工厂和政府安全设施等领域的定制设备。

在她的父亲忙于经营公司的时候，诺尔海姆进入宾夕法尼亚州立大学学习市场营销和国际研究，后来投身于滑雪和房地产事业。她像很多年轻人一样，希望走自己的路，直到2003年奥德瓦尔邀请她加入公司。"一开始，我认为制造业枯燥乏味，"她笑着回忆道,"但当我去车间看望父亲,呼吸着机器运转的气味时感到非常快乐。当然,父亲是我的榜样。我崇拜他。所以我说,好吧,我试试。如果不喜欢,那我就退出。"

诺尔海姆从市场营销和信息技术做起,磨炼出了强大的技术技能。2019年,在父亲决定退居二线后,她被提拔为总裁兼首席运营官。她对保持高质量生产、培养"欣赏员工"的公司文化如数家珍,坚定不移地实现并依靠这种文化转型。她的父亲决定将公司业务留在美国,以便确保质量。他曾考虑将业务转移到中国,但在实地考察时发现自己无法远程管理和控制产品质量。他的女儿有着相同的看法。

"我们的竞争对手是那些收入数十亿美元、拥有数千名员工的公司,"她说,"我们千辛万苦才保住自己的小市场。"诺尔海姆的这句话表明了在微观垂直行业获取优势的重要性,因为小企业也能成功。"公司强大的关键在于部件质量。我们对此非常有信心。"

关于公司文化,她说:"我父亲从一开始就认为员工是公司最重要的部分。我总说我们是维京海盗,但也是园丁。从本质上讲,我们在打商业战的同时也要照顾好家里的花园。优秀的员工是公司最重要的资产。只要你拥有优秀人才,就能走出去竞争,并在商业战场上获胜。"

当诺尔海姆转型为领导角色时,问题出现了:她会继续培育这种伦理精神吗?这是对新一代领导人接管家族企业的一种普遍担忧。她回忆说："大家希望得到我的保证，保证不离开，保证会接手父亲的遗产，坚持不懈、全心全意、诚信正直，展现强烈的职业精神。"她意识到公司的宗旨和价值观已经发生了变化，于是启动了完善工作。

诺尔海姆深信，她的职责就是提醒。"我们把什么都做得很好。我们按计划生产，而且总能完成目标，"她说，"所以我的职责就是提醒大家我们为什么发展、我们的愿景是什么、我们为什么这样做，以及它为什么很重要。"

毫不奇怪，诺尔海姆成了应用技术保持竞争力的拥护者和推动者。2019年，她在公司内建立了一个创新实验室，让工程、销售、营销、服务等各部门员工聚在一起进行头脑风暴和实验。她下达了任务，提供一些"工具、小玩意儿"和足够的空间，看看他们能做出什么。她还说问题的关键在于"我不插手"，让创新实验室以员工为主导。为了在不断变化的数字环境中保持竞争力，公司推出了几项利用工业4.0技术（包括物联网、人工智能、虚拟现实等）的举措。"在数字工业领域，重点是不要试图成为专家，而是要合作。"诺尔海姆在谈及创新实验室团队的工作时说，"我想赋予他们解决问题的能力。"

同制造业的多数领导者一样，诺尔海姆也非常关注招聘和留住员工。因此，她加大对员工队伍的投入，启动交叉培训计划，在公司内部建立了一条人才输送通道，以帮助员工获得适应未来发展的各种技能。"我们的焊接工不仅会焊接，还会安装，"她解释说,"我们没有单纯的电工。他们是电工,但也能协助组装机械。一旦团队成员掌握了多种技能,我们就会尝试引入相关技术协助他们,让他们把工作做得更好,至少要比平常完成的工作更多。"

这提高了员工应对挑战的能力,增强了他们的信心,也培养了他们的忠诚度。因此,即使诺尔海姆打算在两年内给车间配备机器人,她也相信员工们并不害怕这种变化。她知道他们明白自动化会使公司保持竞争力和实现增长。"我的团队认为这是一个机会,而不是威胁。公司文化也在发挥作用,因为它是一种信任的文化。"诺尔海姆说。

抵制短期主义

家族企业的领导者不仅有权追求盈利目标，而且有权追求反映家族愿望的目标。理想工业公司前董事会主席梅根·朱戴说："在一家上市公司，你既要为现有的股东负责，也要为未来的股东负责。"如果你想知道这些非经济动机是否会阻碍企业的业绩和创新，我们可以向你保证，不会。

理想工业公司已经传承了五代，朱戴是第四代掌舵人。该公司为电力市场以及基础设施市场的电池充电功能和维修提供服务，生产高质量工具和测试产品。理想家族一直坚守 J. 沃尔特·贝克尔在创立公司时建立的企业价值观，尽管这并不容易，正如我们将看到的一样。"J. 沃尔特·贝克尔认为，一家公司在经营中不应只有一方获利，而应是多方获利。"朱戴解释说，"他真的认为人际关系很重要，善待他人很重要。因此，他给公司取名'理想'，以表明他想要与员工、客户、社区和供应商建立的那种关系。他相信，只要好好对待他们，我们的公司就会成功。106 年过去了，我们依然强大。"

理想工业公司完全由家族控股，50 名家族成员中有 30 个股东，其中多人在理想基金会、公司董事会和家族治理机构中任职。虽然目前并没有家族成员进入公司工作，但他们都认真承担管理公司的责任。决策如你想象的一样复杂，而朱戴在其中发挥了重要作用。2023年，她开始担任公司的顾问。她回忆说："当时我休假在家照顾刚出生的孩子，父亲打电话给我，让我在他退居二线期间负责第三代向第四代过渡的工作。"尽管照顾一个三周大的孩子压力很大，但她知道父亲和家族有多么看重公司，便同意了。

父亲希望她努力促成她的兄弟姐妹迈入婚姻。"当时我们都是二三十岁"，对公司的兴趣各不相同。她还得处理一些家族成员之间的冲突问题。为此，朱戴提出了一个想法，那就是重组家族委员会，以解决矛盾、加强家教，并吸引整个家族参与。当时，"一些家族成员之间发生的矛盾之多、争执之剧，让我以为过不了一两年，他们就会走到诉讼和背叛的地步"。好在第四代掌握了家族领导权，后来又接管了董事会，这为公司的发展奠定了坚实的基础。"父亲从董事长的位置上退下来8年了，但我们仍未完全接替他的职责，"朱戴说，"公司需要时间成长并吸收这些变化。"家族企业所秉持的长期思维，给了理想工业公司的管理团队一定的适应时间。家族企业经常会在内部动力和历史传承方面遭遇特有的挑战，比如不足以支撑企业稳健发展的非正式文化结构，缺乏继任规划和培训，雇用家族成员的压力，更不用说超出业务范畴的冲突了。美国家族企业能延续到第二代的约有

40%，之后就更不用说了，延续到第三代的占13%，到第四代的只有3%。但正如朱戴所说的那样，他们确实拥有一个很大的优势，那就是可以"从几代人的经验看问题，而不是只关心几个季度的事情"。基业长青的理想工业公司就是例证。

也许不必通过复杂流程就能做出决定才是关键。这样一来，在面对大大小小的干扰时，公司决策速度能够大大加快。虽然多元化、老练、亲力亲为的董事会举足轻重，但必要时，也可以通过非正式手段做出决策——这对21世纪"钛经济"的管理至关重要，因为当这些公司的决策不被官僚化的管理结构影响时，就会更加灵活。这些决策很可能诞生在餐桌上或周末的家庭聚会上。

朱戴强调，理想工业公司在如何发展业务和创新投资方面会优先考虑价值驱动型决策。"投资一家上市公司，回报周期通常不可超过两年，"她解释说，"因此，倘若一家公司开展了收购，那就得在18个月内还清债务。"虽然投资者投资一家上市公司能获得更快、更直接的财务回报，但也意味着他们放弃了公司进行长期投资所带来的更高的回报。这些长期投资的经济效益往往需要三四年才能显现出来。朱戴强调，尽管大多数上市公司的投资者无法接受这一点，但我们建议他们挑战一下自己的短期主义。同我们研究的许多公司一样，理想工业公司取得的增长和回报令人惊叹。

朱戴及其家族也确保了公司员工能从这些成果中获得丰厚收益，许多家族企业都是如此。理想工业公司在美国、英国、中国、加拿大和新西兰的 89 个城镇设立分公司，为当地提供高质量的就业机会，也为许多家庭带来了公司长期发展的红利。相比服务业员工 3.1 万美元的收入中位数，理想工业公司员工的收入中位数达到 4.3 万美元，公司还设立 401（k）计划作为养老金补充，所以员工在退休时还可以额外领取当年工资收入的 80%。

谈及照顾员工，虽然现在许多公司都说得好听，但我们发现家族企业往往表现得更为出色。它们对员工的承诺更加人性化。这并不是说家族企业无须面对涉及员工的艰难决定，而是说它们在做这样的决定时倾向于保留情面。此外，家族企业还拥有一系列基于品牌历史的传统和共同价值观，而品牌则建立在家族的传承和声誉之上。最重要的是，它们在创造价值时不仅会考虑华尔街，还会考虑普通民众。

多特食品公司、美国起重机设备公司、理想工业公司等家族企业构成了"钛经济"的核心。很多企业已经存活了一代人以上，有些甚至存活的时间更长。第二代或第三代经营公司时，知道自己管理的是家族遗产，因此想做正确的事。无论是全球性企业还是区域性企业，都与社区密不可分。员工了解企业的目标，对自己的工作非常满意，具有一种不可思议的主人翁精神。我们通过讲述这三家公司的故事，指出了家族企业在对待员工和投资方面的优势。这些优势很有代表性，也并非特例，可以归结为四个方面。

第一，家族企业的文化和社交网络有助于员工相互激励并成为一种保障，在必要时能迅速适应新的规则。第二，它们的决策速度相对较快，这一点在面对当今各行各业的变革时尤其重要。第三，私营公司的监管和投资者环境，以及不必承担投资者压力的自主性，让它们在战略决策时更加灵活和具有创新精神。第四，家族企业往往负债更少，拥有稳定的资本或长期资金。这些企业的悠久历史为进行投资决策提供了不同的视角。它们着眼于长期价值创造（这也是当今公募和私募股权模式的发展趋势），而非在短期内产生高回报。通常情况下，这些家族企业有能力投资那些虽然在市场看来"违反直觉"，但会带来创新或提高绩效的项目。在经济低迷期，它们可以按照自己的节奏继续进行投资、收购和合作，而私募股权和上市公司则必须权衡投资者的需求。这种资本来源是工业部门最明显的可用资本形式之一，但像整个行业一样被低估和轻视。除了投资的耐性和长期性，家族企业还在数十年的磨炼中积累了丰富的市场和运营经验，可以为行业高管提供宝贵的知识产权。

因此，下次当你发现自己关注的某家工业公司是家族企业时，请仔细研究一番，不要熟视无睹。这些公司是"钛经济"的隐藏力量。

第八章

○

赢得人才战争

2021年8月的一个清晨，三名女性聚集在友爱之城①一栋不起眼的建筑外，准备参加学徒预备班项目。其中一人刚下夜班，她在宾夕法尼亚会议中心担任夜班管理员，工资是每小时14美元。当一个朋友将这个项目推荐给她并鼓励她申请时，她回答说："好呀，我可不想永远做家务。"另一名女性在当地一家餐馆当服务员，养活自己和10岁的女儿，她要努力多挣小费才能维持生计。她意识到自己需要转行，还想要一个工具箱作为圣诞礼物，于是决定申请这个项目。第三名女性是当地一家有线电视公司的广告销售代表，她在4年里被解雇了两次，来这里学习寻求工作保障。

在这个夏末的早晨，所有学员都瞄准了"钛经济"公司给出的最低生活工资、更好的福利和工作保障。在"钛经济"领域工

---

① 友爱之城是费城的别称。——译者注

作的制造业工人，其平均收入比私人部门同等非学位岗位的工人高出13%。不仅技工行业的平均工资一直高于服务业，而且工业工人通常不需要本科学历，所以他们也不用为了挣高工资而支付人均10万美元的4年大学学费。对于非公立大学，这一金额甚至高达17.2万美元。倘若考虑收入损失和学生贷款的利息，大学4年的总成本可能超过40万美元。

然而，尽管好处很多，但工业公司仍旧出现了"招工难"问题。各级工作岗位持续存在的人才缺口导致了灾难性后果。仅在过去10年里，就有240万个工业岗位缺口，这是70%的公司难以完成计划产量的主要原因之一。我们估计，美国经济因劳动力短缺损失了2.5万亿美元。此外，我们为了撰写本书而采访过的每一位工业领袖都认为，劳动力短缺会阻碍未来经济增长。

这三名女性报名参加的学徒预备班为期六周，是费城为少数群体提供工业就业渠道所实施的职业准备项目中的首选课程。这些项目为许多"钛经济"公司提供了招收新员工的渠道，帮助缓解了人才缺口问题。通过培训和认证，它们把学生与导师、工会代表和雇主联系在一起。

招收更多的女工似乎是填补劳动力缺口的一个简单途径，不过这三名女性对制造业的兴趣特别浓厚。虽然女性劳动者占劳动力总人数的近一半，但只有5%的女性从事技术工作。在电工行业，这一比例降至3%；在建筑行业，这一比例甚至更低，为2.6%。

女性往往不会考虑在制造业工作,因为很少有女性榜样引领她们进入这个领域。工业历来是男性的天下,大多数年轻女性不考虑进入制造业发展。同样,女性和男性可能都没有意识到制造业的就业条件已经变得越来越好。

我们之前访问过的美国起重机设备公司首席执行官卡伦·诺尔海姆发现,一名女性形象代言人对公司招聘女员工有很大帮助。诺尔海姆最近告诉我们:"很多时候,年轻女性意识不到制造业蕴藏着机会,但她们现在完全能进入制造业追求职业理想。"不过,诺尔海姆也清楚,制造业在外界看来并没有什么吸引力。她知道,她招进公司的这类员工毕业后更愿意去科技公司工作。

为了让外界逐渐认识到公司的重要性,诺尔海姆竭尽所能贡献力量。她说:"你要通过讲故事来吸引他们。为了扩大影响,我们会分享自己的经历。这就是我留任的原因。我了解公司的历史。我知道我们在做了不起的事。我是说,我们的工程师团队一起设计别人设计不出来的东西,开发能够安全移动极危废弃物的起重机,多么了不起啊!我们还受邀为全国风险最高的项目建造机密移动设备,比如为处理曼哈顿计划遗留的核废料建造起重机,并帮助保护环境。这太令人激动了。但对于潜在雇员来说,这种商业前景一开始可能并不明显。"

为了吸引适合公司的女性,诺尔海姆带领团队想方设法挖掘招聘机会,几乎每一场线上招聘会都有她的身影,她言传身教,强调女性在制造业中的作用,强调女性接受科学、技术、工程和数学等高级培训的必要性。她告诉她们："要做令人兴奋的工作，也要为未来铺平道路。"

2021年4月，诺尔海姆当选美国起重机制造商协会主席，她在这个位置上表现得非常出色。总部设在华盛顿特区的倡导和教育组织"制造研究所"称赞她为"制造业领袖，因为她不仅事业有成，而且在指导年轻人尤其是年轻女性方面贡献很大"。

诺尔海姆经常去学校和专业组织演讲，为自己对当地职业培训计划的贡献感到自豪。她创立了东宾夕法尼亚制造业女性分会，并迅速将其发展成该组织的主要分会之一。分会不仅鼓励女性进入制造业，还通过职业辅导和点对点网络培养女性，提升她们的能力。这很重要，因为让更多女性进入这个行业只是这场战役的一部分。将她们留住并使其得到晋升也很关键。在一个以"老男孩的关系网"著称的领域，掌权人的积极指导至关重要。

金·瑞安就是这种指导的受益人。瑞安是 Hillenbrand 的首席执行官，Hillenbrand 是一家生产各种工业材料的多元化企业集团，2021年的收入为29亿美元。瑞安在职业生涯的早期就认识到了被指导的价值。"老板有时会邀请我去麦当劳吃午餐，"她回忆说，"这意味着'我又给你安排了一项难搞的工作'。"当她质问老板为什么给她布置别人不想做的工作时，老板解释说："如果我教你如何解决问题，如何发现并了解问题所在，如何与团队合作并使团队成员看到你可以让他们变得更好，你就永远不会失业。因为每家公司都存在这些问题，每家公司都需要愿意解决这些问题的人。"

她说这些任务让她更好地了解了公司的业务,也让她对公司产生了更多归属感。"在如何让员工长期投入工作方面,项目和赞助的作用不可低估。"她强调说进入工业公司的女性会面临一个特殊问题,即如果她们"被迫从事文职工作,不能与公司亲密接触,那就极有可能缺少归属感"。

在 2020 年制造业性别多样化评估中,仅有 4% 的公司被麦肯锡列为"多样化领导者"。这意味着,其他公司要么未能在 2014 年以前达到 20% 或更高的性别比例,要么未能在 2014 年以后取得 10% 或更高的性别比例增长,或者未能在 2014 年达到 30% 或更高的性别比例,也未能将这一数字提高 5% 以上。好消息是,麦肯锡还将 1/3 的公司评为在雇用女性方面"行动迅速"的公司。2014 年,这些公司的女性员工比例为 0%~20%,但现在已经增长了 10% 以上。这样的进步让人看到了希望,但前方的路还很长,不仅要招聘女性,还要全面接触年轻人,使他们了解工业部门的工作并为此做好准备。

在种族多样性方面,麦肯锡发现 9% 的公司是"多样化领导者"。这意味着,这些公司要么在 2014 年达到了 25% 以上的少数族裔比例并在 2014 年以后将该比例提高到 50% 以上,要么在 2014 年达到了 50% 的少数族裔比例并实现了 0%~25% 的增长。麦肯锡还将大约 30% 的公司评为"行动迅速",也就是它们 2014 年的少数族裔比例虽然为 0%~25%,但增长达到了 25% 以上。

BlueLinx（建筑产品分销商）的首席执行官德怀特·吉布森认为，卡伦·诺尔海姆吸引女性进入工业领域的方法至关重要，只是来得太迟，他认为这些方法也会吸引更多有色人种进入工业领域。

作为美国上市公司中为数不多的黑人首席执行官，以及最年轻的首席执行官之一，并且是佐治亚州唯一一位黑人首席执行官，吉布森亲身经历了诺尔海姆所预见的行业演变，即让女性到各级技术岗位任职，并提高有色人种在工业部门的比例。不过，他说这个行业仍以男性和白人为主，如果想吸引人才，把优秀制造商打造成"超级明星"，还需要继续努力。

"我走进一个房间，看得出他们大部分时间都心不在焉，"吉布森向我们讲述了自己的经历，"不久前我刚和一个供应商开过会，可仍有人问我：'你在BlueLinx做什么？你是新来的营销人员吗？'这种情况还会发生。但现在我们认为这是他们的问题，不是我的问题。"他停顿了一下，接着说："挑战一直都在。"

记忆中像这样的经历还有很多，因此吉布森在上一家公司英格索兰（Ingersoll Rand）工作时为公司建立了黑人员工网站。至少可以这么说，吉布森在进入BlueLinx这家位于佐治亚州玛丽埃塔的建筑及工业产品经销公司之前，走过的道路非常曲折。他出生于单亲家庭，母亲是牙买加的一名教师，一直生活在巴哈马群岛，后来才搬去芝加哥。

"我以前从没见过雪，"吉布森轻笑着说，"我以前也从没买过冬季外套。"

最后，一家人在吉布森所说的布鲁克林工人阶级聚居区定居。"那里环境很好，"他告诉我们，"蓝领和白领混居，而且都非常勤奋。我交到了一些好朋友，都是些积极上进的孩子，他们真的帮了我大忙。我从那些经历中学到了很多。"接下来，他考上了传统黑人大学霍华德大学，对其"令人难以置信的移民多样性"记忆犹新。之后，他进入麦肯锡，几乎立刻就参与了招聘工作。接着，他又在内布拉斯加州奥马哈的 InfoUSA 工作了一段时间，这是一家早期的数据挖掘和供应公司。20 世纪 90 年代末，吉布森带领公司进入了当时刚刚起步的互联网行业。

吉布森一直与《芝加哥论坛报》旗下的"黑人之声"合作，在斯坦福大学攻读 MBA 期间还曾支持了"黑人之声"一段时间。从斯坦福大学毕业后，他回到麦肯锡，遇到了进入工业界的机会。接着，他加入英格索兰，管理一家通过并购得来的公司。"只是想看看自己能否胜任。"他很快就扭转了公司的颓势，并意识到"这就是我喜欢做的事情"。

接下来，他跳槽到比利时的冷王公司（Thermo King），管理该公司在欧洲、中东、非洲和俄罗斯近 5 亿美元的业务，之后又回到公司位于美国北卡罗来纳州夏洛特的总部。在这段时间里，尤其是在欧洲工作期间，吉布森是当时拥有 6 万名员工的英格索兰级别最高的黑人员工。随后，他进入斯必克流体公司（SPX Flow），最终成为 BlueLinx 的首席执行官。

BlueLinx 与超过 2 200 家公司合作，为建筑行业提供 5 万多款自有品牌和其他品牌的产品，并向 15 000 家客户分销各类建筑用产品和特色产品。在过去的 5 年里，公司在股东总回报方面的表现优于科技五巨头，复合年均增长率达到 41%。

在吉布森的领导下，BlueLinx 的员工队伍呈现出多元化。正如吉布森指出的那样，公司的员工中有 30.2% 是女性，40.1% 是少数族裔；员工的留任率很高，工作年限一般会达到 6 年，薪酬在该地区和整个行业也极具竞争力。

吉布森告诉我们，解决公司员工留任问题的方法，同他在职业起步阶段应对挑战的方法一样。"我把所有事情都放在半年或一年的时间段里进行考虑，"他说，"我时刻谨记我将在半年后接受考核。我要确保自己尽可能多地学习，并竭尽所能提升自我价值。"吉布森尝试将这种精神特质传递给他在 BlueLinx 建立的多元化团队。但他同时也强调，整个行业应该而且必须做得更好。

"首先，你得帮助你的员工，尤其是新员工，并判断可能性，"他强调说，"不是一种保证，而是一种可能。怎么才能做到呢？他们需要在公司中看到不同的人，不管是黑人、女性，还是其他少数族裔。你得彰显他们存在的意义。"

"其次，你得帮助他们了解如何让自己的能力和技能在更广泛的背景下创造价值，帮助他们更广泛地思考可能性。"

"最后，你得走出去招揽各方人才，"他继续道，"我在很多工业公司干过，我总是第一个说：'嘿，我们为什么不从这所中间市场学校招人呢？我们为什么不和当地的职业学校建立关系呢？我们为什么不试着去一所传统黑人大学吸引人才呢？'试想一下，有人问过我们为什么要挑战假设、培养创造力或者建立合作吗？因为这就是多样性。多样性是孕育一切可能的土壤。不同的人、不同的背景、不同的视角，会给你带来更多的创造力。"

谈到他如何像卡伦·诺尔海姆一样帮助那些人才找到通往工业领域的道路时，吉布森认为离不开讲故事。"还是得让大家了解什么是可能的，"他说，"对我来说就是如此。如果我能回到过去，我会对自己说'德怀特，你能做到'。老实说，我当时并没考虑过工业企业。你得让各种不同的人才接触到所有可利用的机会。公司必须有意识地做到这一点。领导层必须认同这一点。因为我在职业生涯中最引以为傲的事，就是我提拔的那些人才真正取得了一项又一项伟大的成就。"

年轻人是未来

在与我们讨论人才缺口问题时，布雷迪公司的首席执行官迈克尔·瑙曼强调："制造业作为经济的一个类别，完全被误解了。"他说许多千禧一代和Z世代的劳动者从未在工厂待过，他们对制造业工作几乎一无所知。此外，正如他所强调的，中学的职业教育正在走下坡路。"我进入了金属加工车间和木工车间。"他回忆起自己在纽约州罗切斯特市布赖顿中学求学时的情形说，布赖顿中学是全美名列前茅的公立中学之一。很多学校已经终止了职业教育课程，至于那些仍然存在的课程，他强调："在今天的中学选择上职业课，你一定会被视为异类。"

因此，瑙曼认为，工业领袖有责任让年轻人认识到制造业公司能为他们提供良好的职业道路。但美国的教育体系也必须摒弃对中学的"一刀切"做法，为学生开辟更多职业技能培养途径，提高技术技能培训项目的学生参与率，因为这些技能正是布雷迪公司等雇主所需要的。

至于大学，我们当然要认可人文、历史、社会科学和艺术的价值，但美国需要更多科学、技术、工程和数学领域的毕业生。

高等教育也需要提供更多的选择。过于强调取得 4 年制本科或大专学位的重要性，并不适合所有高中毕业生，反而让许多大学毕业生背上了沉重债务。

一个人无论有没有学位，在"钛经济"中都有用武之地。因为技能才是主导。正如鲍威尔工业（Powell Industries）的首席执行官布雷特·科普所说："白领和蓝领工人都能成功。"作为一家为商业和工业市场电力分配提供综合解决方案及电气设备的制造公司，鲍威尔工业拥有丰富的人力资源，这要归功于休斯敦的多元化人口。科普表示："我们希望工厂里的熟练工人抓住每一个能够取得成功的机会。"他还说，公司在招聘人才上投入很大，"无论他们是否上过职业学校，工资都能达到 5.3 万美元的公司平均水平"。

工业科技公司的领导者大多认可这种说法，比如理想工业公司的梅根·朱戴。"我们需要展开一场新的对话，讨论如何让高中生将制造业或相关行业视为一个有意义的职业领域，"她说，"我们需要恢复职业教育，别再认为找工作和挣钱的唯一方式就是上大学。上大学是应该的，因为它能支撑职业目标。我不是说不上大学。但上大学不该是普通高中生的唯一出路。"

许多美国父母对此表示赞同。事实上，2021 年 4 月盖洛普的一项调查显示，45% 的在校生家长希望自己的孩子能有更多的选择，而不是只能去上 4 年制或 2 年制的大学。超过一半的受访者对学徒项目的前景感兴趣，但同时也表示，他们对学徒制

（9%）或技术培训（22%）的了解远远称不上"很多"。相比之下，47%的人说他们对两年制大学了解"很多"。

更为紧迫的是，美国在工业劳动教育方面远远落后于其他发达国家。德国、瑞典、挪威、芬兰、法国和丹麦都在为制造业提供免费或低廉的高等教育。德国的大师学校体系尤其让人印象深刻，这些学校提供职业培训，与企业合作开发课程，并由行业资深人士担任校长。该国的"双重培训"模式将职业学校每周两到三天的学术课程与公司的在职培训结合起来，可以帮助学生为300多种国家认可的职业做好准备。在完成学业的学生中，有一半接受了公司提供的职业培训，而公司也把双重培训视为招聘熟练工人的最佳途径。50万德国人通过学徒项目进入劳动力市场。与美国人的看法不同，在德国对学徒的竞争十分激烈，成为学徒在德国与获得本科学位一样受人尊重。

亚洲的新加坡拥有世界上成就最高的教育体系之一。各类中等学校根据学生的能力进行教育，并引导他们在毕业后获得就业机会。技校是高中生培养就业技能的途径之一。由于具备这些技能，15~29岁的新加坡人中只有4%没有参加过就业、教育或培训项目，而在美国，这一比例为13%。

韩国以成功的德国模式为基础，强化对学徒教育和培训的重视。2010年，韩国成立了第一所迈斯特（Meister）学校，联合职业学校与公司，根据劳动者的需求量身定制课程，并聘请具有实际商业经验的校长。课程聚焦生物技术、半导体、汽车制造、机器人、电信、能源、造船和海洋工业领域。作为韩国21所迈斯特高中之一，龟尾电子工业高中与产业的关系密切。该高中由乐金电子公司（LG Electronics）的高层管理人员担任校长，并与公司旗下的英诺特签订了聘用100名毕业生的协议，同时还在和乐金电子、乐金显示器等公司磋商类似的协议。

除了职业培训和本科教育，以及主打科学、技术、工程、数学的大师学校之外，美国还需要创造更多收费合理甚至免费的高等教育机会。我们也要支持高中的职业技术教育，帮助学生为特定行业的工作做好准备。通过一个在一两年内就能完成的技能培训项目，高中生一毕业就能找到高薪工作。职业技术教育还有一个好处，那就是毕业生中有相当一部分会继续参加两年制的社区学院教育，以进一步磨炼他们的技能。

现在许多商业领袖和民选官员已经将为工业部门建立"工人渠道"列为首要任务，我们应该趁此良机加快推动职业技术教育的发展。但为了吸引学生，我们首先必须消除家长、老师或学校辅导员对这种教育的偏见。学生需要关注职业技术教育方面有益的信息。学校方面还应举办全区范围内的家长意识培训，向家长展示如何让孩子在未来几十年里更好地参与"钛经济"领域的竞争。除了向家长提供咨询和帮助之外，美国还必须改善现有的学徒和培训项目。

例如，我们应该进一步发展高效的注册学徒学院联盟工作。该联盟联合了300余家大学与企业，将大学课程与工作需求结合起来。美国柴油培训中心提出了一个好方法，采用成功付费模式，其培训时间和费用仅为一般技校的 20%。也就是说，培训费用的多少部分取决于学生在完成培训后是否被聘用。

由麦肯锡创立的独立非营利组织"世代美国"（Generation USA）也进行了一次有益的尝试，为劳动者提供网络安全、网络开发等热门领域的免费职业培训和就业服务。2020 年 10 月，威瑞森（Verizon）与该组织达成了价值 4 400 多万美元的战略伙伴关系，旨在大幅提高该项目的参与率，并加强就业安置。

虽然这些举措很重要，但我们认为，国家必须齐心协力为学徒创造就业机会。我们强烈支持在全国范围内建立"学徒学院"网络，将学徒制在文化中的地位提升到与大学学位同样重要的水平，就像德国的做法一样。我们希望左翼和右翼政党都能支持这样的做法。政府和企业仍有机会扭转人们对"学徒制不如大学学位"的看法。例如，政府和企业可以资助一场全国性活动，重塑学徒项目，吸引新的学员。

关键在于公司的创造力

通过一系列创造性的解决方案掌控问题,"钛经济"公司为全国性努力提供了很好的模式。还记得卡塞拉公司吗?废弃物管理可能不是很多人的第一职业选择,但卡塞拉废弃物系统公司找到了吸引和留住优秀人才的创造性方法。例如,在2018年,卡塞拉公司与斯塔福德科技中心合作开展商业驾驶执照培训。课程内容包括将学生带到其位于佛蒙特州西拉特兰的工厂,在废弃物清除车上接受超过80小时的培训,还带领他们参观工厂,更广泛地了解工厂业务。

卡塞拉公司的讲师之一比尔·巴普蒂说:"我们的经理和总经理大多是从司机做起的。因此,我们也在为一些人能有一个长期而有意义的职业生涯创造条件。他们取得执照,由我们支付课程费用,只要学员在毕业后为我们服务一年。"

公司还为各个级别的员工提供了一条清晰的晋升之路。举例来说,一名后方装载驾驶员在垃圾车驾驶员中几乎算不上什么理想职位,但他/她可以受训成为一名前方装载驾驶员,然后晋升为在工地处理大型集装箱的叉车司机。约翰·卡塞拉说:"他们可以在 5 年内从时薪 18 美元涨到时薪 35 美元。"他表示，他们正在为公司的每个职位铺平发展道路。

流体处理公司固瑞克也主动与明尼苏达州、南达科他州、威斯康星州、密歇根州、俄亥俄州和宾夕法尼亚州的职业学校与社区学院建立了联系，这些地方是大部分关键制造业的所在地。公司向这些院校捐赠了资金和设备，同时提供奖学金。在固瑞克工作的毕业生会定期访问学校，与学生们讨论制造业的职业前景。公司还与这些学校的教授建立了良好关系，因此招聘人员很了解谁是最优秀的毕业生，这对他们的招聘工作很有帮助。固瑞克还创建了一个成功的实习项目，帮助它招聘到最优秀的员工。此外，固瑞克基金会还以提供补助金、员工激励和奖学金的形式支持各类非营利组织、社区学院、大学和高中的学徒项目。2021 年，该笔资金超过了 130 万美元。

另一个能提高"钛经济"公司就业吸引力的方法是员工持股计划，也就是通过利润分成注入资金，并允许员工获得公司的股份。CSW Industrials（多元化的工业成长型公司）的首席执行官乔·阿姆斯向我们介绍了该计划对公司的影响。与所有"钛经济"公司一样，CSW Industrials 面临来自大型科技公司的激烈人才竞争。他承认："显然，谷歌和微软比起我们拥有更大的优势。"谈到这件棘手的事情，他说他经常和工人开玩笑说："嘿，我们是做润滑油生意的。我想带你们去看看我们在得克萨斯州罗克沃尔的润滑油工厂。你肯定没见过这么好的润滑油工厂。"

不过，他已经通过公司的员工持股计划吸引了很多优秀的员工，还将之称为"我们的秘密武器"。他认为，分享财富的做法非常正确，而且对公司有利，因为当员工成为所有者时，他们就能更深切地理解管理层所做出的艰难决定了。

"我们不是那种提供乒乓球桌、可以带狗上班、午餐供应特色啤酒之类的公司，"他笑着说，"但我们的员工拥有公司5%的股份。我们都是公司的主人。我们的成功离不开大家的努力。我们不会为追求成功和盈利而道歉，而且成功是属于大家的。这是一个了不起的利益联盟，也是我们用来推动价值创造的方法。"

这种伦理标准在2020年新冠肺炎疫情暴发后得到了体现。阿姆斯告诉我们："在疫情开始时，我们就宣布不会裁员。我们说'没必要'。当时公司的赢利能力很强，没有债务，资产负债表上留有现金。我们不打算只为了每股多赚5美分或10美分就弃员工于不顾。"

正如阿姆斯所言，当员工拥有所有权时，他们对公司的看法就会不同，并为自己对成功的贡献倍感自豪。阿姆斯说，他希望员工觉得在公司工作无比美好，并告诉朋友和家人"你应该来为这些人工作，因为他们会照顾好你"。

有些公司也开展培训，比如CaptiveAire。该公司的首席执行官罗伯特·勒迪说："只要一些人愿意，我们就可以开展培训提高他们的技能水平。"公司先开设入门课程，再将员工与技术工人一对一匹配，让员工们当学徒。勒迪解释道："如果在90天里教会一个年轻人基本的职业技能，然后将他置于能够继续学习这些技能的环境中，那你很快就会拥有一名高效的员工。"他说这比去社区读两年书再去实习可取。"那样太耽误时间了。"

瓦妮莎·蒂希坚信员工需要了解整个公司，她自己也不例外。她是凯伏特公司（Cavotec）的集团总法律顾问兼合规官，该公司在清洁技术领域拥有40年的经验。作为一名律师和一个天生充满好奇心的人，蒂希在零售药房公司沃尔格林联合博姿（Walgreens Boots Alliance）找了一份工作，并在其英国的一家零售店里工作了一周。"我想了解商店布局，以及如何推出和营销新产品。我的法律团队认为这很奇怪，因为他们从未见过这样的事情。他们不理解我为什么要这样做。但实际上，这有助于我了解业务，了解如何起草合同才能符合业务要求。"

她还得到了一位总经理的指导，很快就弄懂了零售商业世界的复杂细节。"你或许是一名出色的私人执业律师，但如果不懂如何使用商业语言，就很可能成为一名失败的内部顾问，"她解释说，"所以他开始邀请我参加所有的商务会议。我意识到内部法律工作并不像在私人执业中提供建议那么简单。归根到底，内部法律工作的本质是促使业务增长。"

不久后她加入凯伏特公司，第一次接触到工业部门的工作。在那里，她学到了一些工业基础知识："你要控制供应链。你要控制利润。你要控制产品、物流和配送的成本。"

为了培养人才和鼓励员工队伍多元化，蒂希建议对新员工实行部门轮岗。"大公司壁垒分明，有财务、人力资源、法律、采购等各个部门。但这些部门并不经常交流。很多时候，部门之间甚至不知道如何沟通，因为它们互不理解。可是如果我不了解业务，那我怎么能做好一名总法律顾问呢？"

她说，这种隔阂可以通过轮岗计划进行弥补。"让员工全方位了解公司，不仅会改变他们的合作方式，还会改变公司吸引的人才类型。"此外，她认为千禧一代和Z世代会被他们在工作中看到的成果所吸引，但强调工业部门也需要把故事讲好才行。蒂希告诉我们："如果一个人热爱具体的事务，并乐见其成，那就是一个适合他的行业。"同时她也承认，外界并未充分认识到工业领域的吸引力："工业不仅仅与软件、算法和数据有关。在这里工作你还创造了某样东西，并在市场上出售。虽然未能得到展现，但这是一件多么了不起的事情啊。"

大胆行动吧

如果不解决人才问题，那么"钛经济"的增长将会停滞。为此，美国必须打破思维定式。在美化工业工作形象、吸引人才方面，理想工业公司电工锦标赛创意十足。参赛者有机会瓜分总计60万美元的奖金。2021年报名参赛者达到58 000名，选手需要经过多轮选拔才能挤进席位不多的最后一轮比赛。

那年12月，实习电工迈克·祖伦达戴着一顶亮蓝色的安全帽在ESPN（娱乐与体育电视网）的摄像机的跟踪下走上了纳什维尔的比赛舞台。在一系列挑战中，电工选手们熟练地连接电线和弯曲管道，展示了他们的技能，摄像机也近距离捕捉到了每一个动作。专业解说员则为观众带来了一场堪比《周一足球之夜》或《英国烘焙大赛》（这取决于你的喜好）的详细解说。

经过4天的比赛，祖伦达获得了学生/学徒组的第一名。在接受当地电视台的采访时，这名土生土长的纽约人说："连接电子设备是最容易的部分。赛场上有电线，各种材料一应俱全，一切看起来都好极了。你为自己的工作感到自豪，并认为'我的房子里要有这样东西，我的大楼里要有这样东西'才是最重要的。"

他完美地表达了对技艺的自豪感,而这正是理想工业公司希望通过比赛向世界传达的。梅根·朱戴认为,通过比赛,世界可以看到公司员工和客户的工作日常,她希望这种曝光能吸引更多类似迈克·祖伦达的人才。

2009年,麦肯锡全球研究所发布了一份关于劳动力差距的大型分析报告,显示71%的美国工人所从事的工作,要么是雇主需求疲软,要么是合格工人供过于求,抑或两者兼而有之。该研究得出的结论是:除非美国工人能够学习新技能,否则美国将迎来一个虽然经济增长恢复,但收入差距持续存在的时期,美国的中低收入群体永远无法真正从经济复苏中受益。

通过高效分析和增强人机协作,当前的自动化和人工智能浪潮正在颠覆生产方式,社会对体力和手工技能的需求正以超过经济增长率两倍的速度下降。此外,随着支持功能的自动化,社会对基本办公技能的需求也在减少。与此同时,销售代表、工程师、经理、高管等专业人员的数量将会增加。这将导致对社交和情感技能的更大需求,特别是一流的沟通和谈判、领导、管理和适应能力。由于需要更多的技术专业人员,对技术技能,包括高级信息技术技能和基本数字技能的需求将会增加。由于需要更高的创造力和复杂的信息处理能力,对高级认知技能的需求也会增加。

虽然我们取得了一些成就,但利害关系已经发生改变。很多首席执行官和分析师都同意这一点。通过对工业部门的采访,我们一致支持迅速采取行动改变教育环境和政策，让美国人具备"钛经济"所需的技能。亟待解决的一个关键问题是，当前这批技术工人即将退休。朱戴向我们强调："电工的平均年龄是55岁，水管工的平均年龄是57岁。因此，当你考虑那些将在未来10年内退休的专业人才时，也必须记住，他们不可能被目前从职业学校毕业的这些新人所取代。"

越来越多的商界和政界领袖认为有必要创造更多的"钛经济"就业岗位，国家必须抓住机会改变人们对这些岗位的看法。新冠肺炎疫情也为这种思想改变提供了契机，因为它迫使许多人重新评估个人和职业的优先事项。通过展示"钛经济"领域丰富的、有意义的、可信赖的和高薪的工作机会，公司或许可以吸引许多有兴趣追求新的人生的人。

发挥"钛经济"的增长潜力，不仅取决于吸引更多的年轻人选择工业类职业，还取决于对现有劳动力的再培训。随着自动化程度的提高和加速，大多数人所从事的工作将发生质的改变。我们需要引领潮流，推动更多人才进入工业部门，从而重新成为世界工业领袖。

第九章

探索可持续发展

每时每刻都有卡车开进弗吉尼亚州温彻斯特的 Trex 工厂，这是一个占地 20 万平方英尺的区域，足有四个足球场那么大，全年无休，日夜运转。

没办法。Trex 与当地的大型零售商店，如塔吉特、沃尔玛、艾伯森杂货店以及该地区的回收中心都签有合同，承诺随时接收它们送来的塑料薄膜垃圾，包括购物袋、干洗袋、报纸套、纸巾塑料包装以及消费者每天丢弃的其他塑料包装。否则，这些垃圾就会在填埋场里腐朽、变脆、碎裂，变成微粒渗入水道。Trex 的联合创始人之一、石油工程师罗杰·威滕伯格开创性地提出了一种充满想象力的工艺方法，将它们转化为替代木材的原料，用于制造高度耐用的装饰板。

Trex 在 20 世纪 90 年代末取得了该工艺的第一个专利权。威滕伯格创作的一张公园长椅证明了这种材料的可用性，并与三名合作伙伴在 1996 年成立了以大规模生产可持续建筑材料为使命的Trex。经过数年的磨砺，公司利用该工艺将塑料和再生木材结合，生产出了看似木材但更耐风化和腐蚀的板材，可用于制造装饰板、栅栏和长凳。

Trex接收的塑料袋数量迅速增加，除了温彻斯特工厂之外，内华达州和阿肯色州的大型工厂也是如此。为了跟上库存增长速度，公司的信息技术团队不得不在2020年提升计算能力。Trex可以选择对公司数据中心的硬件进行全面升级，或者转向云计算。两者都需要大量投资，但显然转向云计算更有前瞻性，所以这家创新公司选择了后者。

如果你只通过谷歌文档或访问iPhone（苹果手机）照片体验过"云"，那想象一下从安全生产到库存管理的上千种应用程序，它们由许多或定制或现成的软件驱动，囊括数千种不同的访问协议，你就会了解这次升级是多么复杂。新的云计算装置为Trex提供了所需的巨大容量，使其能通过庞大的服务器网络保持增长，该网络可以存储、管理和处理大量数据，并执行公司的各种数据分析指令。

落后的信息技术设施阻碍了许多制造商的发展。它们拿不出升级硬件设备所需的大量资金，大多数工厂也承受不起为了升级而停业的代价，哪怕只需要很短的时间。云计算促进了快速升级，同时也赋予了制造商极好的计算能力和更强大的工具。有了"云"，Trex的员工可以访问任何互联网接口，减少硬件升级的频率。工具用起来也更快、更动态、更灵活、更友好，允许进行更多具有洞察力的数据收集和分析，使其更容易在整个公司传播。公司很快就迎来了大规模升级改造。最重要的是，这次"云"升级能让 Trex 在未来轻松提升计算能力，以加快生产或开设新工厂。

Trex 的发展关系到全人类的利益，因为它正在努力减少某些有问题的塑料垃圾。回收利用计划通常不会接受用来制造装饰材料的袋子和包装，因为它们会堵塞分拣机器，而且也不是高级塑料制品，因此在大多数情况下回收它们并不划算。但它们不仅会进入垃圾填埋场，还会进入河流、湖泊和海洋危害动物。人们在被冲上岸的动物的胃里发现了数量惊人的塑料。此外，它们释放的塑料微粒还可能进入饮用水。因此，Trex 为了持续创新工艺而迸发出的非凡创造力，成为"钛经济"公司在实现可持续发展目标方面引领巨大进步的一个重要典范。

Trex 的前运营副总裁杰伊·斯克里特解释说，他们采取了一种突破性方法来利用"损毁"的塑料袋，也就是那些被食物等污染物污染的塑料袋。"我们创造了一种能够处理垃圾而不是原始材料的工艺"，这是废弃塑料的使用在经济上变得可行的关键。有了这种工艺，公司几乎可以处理所有东西，不必从杂货连锁店、大学、院校等地方收集到大量材料后再进行分拣。机器会将所有塑料袋分解并磨成颗粒，然后与可再生木材制成的木屑以及染料混合，形成一种具有木质色泽的材料。

从公司生产线上下来的每一块 16 英尺厚的板材都需要约 2 250

第九章 探索可持续发展

个塑料袋，用到的木屑也来自其他制造商的废弃产品。这意味着Trex 不需要为了生产而砍伐树木。公司每年回收的塑料和木材废料超过 5 亿磅[①]，它的生产线改变了这些废弃物被送往垃圾填埋场的命运。

Trex 还努力推进可持续生产。其生产方式无须烟囱，剩余的所有材料都可以回收到生产线上。斯克里特表示，公司甚至试图解决其工厂生产造成的噪声问题，在附近房屋的顶上安装消声器。公司使用的产品包装也是由可回收材料制成的。

"钛经济"充满创新活力，总是最大限度地减少产品及其制造过程对环境的影响。事实上，我们调查的每一家公司，从老牌制造商到行业新贵，都在致力于可持续发展。它们创造性地利用新兴技术推动了多个领域的发展，这些领域在治理污染和应对气候变化方面发挥了极大的作用。

就减少温室气体排放而言，Trex 所在的建筑和基础设施行业可能起着决定性作用。世界绿色建筑委员会的数据显示，建筑和材料占全球碳排放量的 11%，为了建造更环保的办公楼、市政综合体和住宅，企业正在开发更多新的方法。其中包括新材料的发明，如各种可持续的混凝土替代品，单是混凝土的制造就占到全球碳排放量的 8%。玻璃的回收利用一直是回收行业的难题，但在新方法下，大量原本要送往垃圾填埋场的玻璃瓶却变成了建

[①] 1 磅 ≈ 0.45 千克。——编者注

设道路等基础设施的材料。

农业是温室气体排放量最大的行业之一,也是"钛经济"创新为可持续发展做出巨大贡献的又一个领域。

一条直线

随便问一个农民怎样才能有好收成，他都会告诉你庄稼生长得越齐，收成就越好。一位在明尼苏达州农场长大的同事对我们说："在过去，能把庄稼种得整齐，就拥有了吹牛的权利。我记得我父亲和他的朋友一直在争论谁种的庄稼最整齐。这是衡量一个好农民的标准，他们对此非常重视。"

如今，农民只需按一下按钮，就能近乎完美地种好一排排庄稼。例如，约翰迪尔公司生产的全自动8RX拖拉机附带的播种机宽60英尺，一次就可播种24行种子。农民只需驾驶这种先进的机器在他们的农田里绕一圈，机器就能创建一个模板进行自动化种植。在绕圈的过程中，300个传感器与卫星定位系统协同合作，每秒进行多达15 000次测量并建立自动化种植模板。后续只要按一下按钮，这台拖拉机就会自动按照科学计算出的最直的线条耕地，并均匀播种，加强播种精度，提高作物产量。

这种数据的收集和使用正在推动一场被称为"精准农业"的革命。除了传感器和卫星监控之外，精准农业还使用无人机、人工智能、机器人和数据分析技术，以提高效率和保护环境。此外，实现产量大幅增长是精准农业的另一个关键目标。由于全球人口稳步增长，到 2050 年全球粮食需求将增加 50%，实现该目标也变得更加迫切。

为了应对这一挑战，人类正在开发一项爆炸性技术。约翰迪尔拖拉机配备了可显示肥料、农药施用量和施用位置的后视摄像头以及触摸屏，油耗量更低。由卫星定位系统驱动的自主制导确保了 1 英寸[①]精确度以内的有效覆盖。这些自动驾驶拖拉机甚至可以在黑夜准确地进行播种。对农民来说，及时完成播种可能是一个艰巨的挑战。因为大多数作物的最佳种植期只有 10 天，且种植活动经常受到天气情况的干扰，所以作物种植往往要与时间赛跑。这种拖拉机让农民有时间去完成许多其他艰苦农业劳动。

精准农业设备还大幅减少了现代农场运营的用水量和破坏环境的化学品数量。保护水资源问题迫在眉睫，因为供应农业用水的许多含水层正在枯竭。与此同时，化学品的大量使用严重破坏了土壤的健康和肥力，这些化学品还会流入地下水，造成赤潮等环境灾难。

约翰迪尔公司是精准农业领域的先驱。除了将智能技术引入设备之外，公司在售后服务方面也遥遥领先，持续为购买产品的客户提供相关服务。约翰迪尔公司提供的数据服务可以按需生成信息流，直接发送到客户的家用电脑和拖拉机触摸屏上，以便农

[①] 1 英寸 ≈2.54 厘米。——编者注

民能够密切监控作物生长、土壤温度和湿度水平。约翰迪尔公司还不断扩展经销商网络，通过公司的互联服务为客户提供业内最佳的技术支持。由于这些创新，约翰迪尔公司成为业内主要的设备硬件和软件平台。

即使作为一家创新公司，约翰迪尔公司自我改造为一家高科技工业企业的做法也相当了不起。约翰迪尔公司成立于1837年的伊利诺伊州莫林市（此地至今仍是公司总部），销售由其创始人约翰·迪尔发明的早期版商用钢犁。虽然公司自此一直不断创新，如今市值更是达到了370亿美元，但成为跨国巨头绝非易事。其转型过程体现了许多"钛经济"公司的长远思考。例如，早在20世纪90年代，约翰迪尔公司就购买了军用级卫星定位系统，而当时的卫星定位系统技术尚未广泛商业化。随着时间的推移，公司逐渐将卫星导航整合到拖拉机上，确保经销商和老客户理解并接受这一新技术。公司还开发了安装在拖拉机上的星火6000卫星接收器，该接收器还可以安装在其他品牌的拖拉机上，现在是业内的标准配置。

约翰迪尔公司并没有放弃创新。同许多硅谷科技公司的做法一样，约翰迪尔公司最近向第三方开发者开放了其精密技术平台，并与美国国家航空航天局喷气推进实验室合作，继续推动自动驾驶农场设备的发展。"它们没有落后，反而技术领先，并在与初创公司的竞争中站稳了脚跟，"著名股票分析师斯坦利·埃利奥特说，"它们正在获得风投资金，为持续创新注入新的动力。

期待拖拉机完全自动化那一天的到来。"

约翰迪尔公司还在销售业务上进行了创新，建立了一个在线虚拟产品馆，用该公司的话说，就是让潜在客户"看看引擎盖下面有什么，进入驾驶室，甚至踢一下轮胎"，所有这些都是生动的 3D 影像。

由于发展迅速，约翰迪尔公司也努力与经销商和终端客户保持良好关系。几代人以来，公司一直在北美的农村和郊区拥有强大的影响力，办事处和经销商店随处可见。此外，公司的销售代表等是其所在社区的"迪尔大使"，在高中足球赛、教堂和饲料商店等场合与他们的农民客户相处融洽。

约翰迪尔公司不断创造就业机会，并在美国各地的农村建立良好商誉。难怪那么多农民会告诉你，他们"流着绿色的血"——这是他们表达忠诚的方式，因为该品牌的机器以亮绿色漆面著称。约翰迪尔公司最大的经销商之一——位于得克萨斯州凯蒂市的忒尔斯设备解决方案公司（Tellus Equipment Solutions）的老板特洛伊·泰勒表示："约翰迪尔公司代表了我和家人希望与之联系在一起的品牌。这是一个历史悠久的顶级品牌，产品精密优质，客户服务良好。"

不过，与许多美国公司一样，约翰迪尔公司在 21 世纪初也陷入过困境。转向数字服务和新收入来源的决策使公司迅速恢复了活力。此后，公司受到了大批投资者的青睐，其股价自 2017 年以来增长了 3 倍。投资者看到了公司长期存在巨大的上涨潜力，但短期内大宗商品价格、天气等外部因素仍让他们警惕。毕竟，农业是各行各业中最不稳定的行业之一。在这方面，约翰迪尔公司也采取了大胆的举措。埃利奥特指出："试图提高利润的公司大多把重点放在增加收入或降低成本上，而约翰迪尔公司正在同时为其农民客户做好这两件事，这降低了他们对大宗商品价格的依赖程度。"

利用先进技术提高近几十年来遭受严重经济困境的农作物产量，对美国和约翰迪尔公司的全球服务对象来说是一项至关重要的使命。作为科技引领者，约翰迪尔公司的高知名度正在帮助它吸引那些通常更有兴趣在沿海地区而不是伊利诺伊州莫林市定居的人才。

神奇的盒子

只要在22 000平方英里（比密歇根湖的面积还小）的美国土地上铺设上太阳能电池板，它们提供的电量就足够整个国家使用。太阳能电池板曾是商业建筑和昂贵住宅的专属，但近年来价格大幅下降，普通房主也能负担得起了。不过，这项技术的广泛应用仍存在阻碍。

阻碍之一就是"圣诞树问题"，即一串灯泡里有一个灯泡坏掉就会影响其他所有灯泡。同样，遮住或弄脏一块太阳能电池板也会阻碍一排太阳能电池板吸收能量，因为这一排电池板是连接在一起的。一块电池板电压下降还可能导致整个系统失效。此外，由于屋顶暴露在恶劣天气和复杂环境之下，系统也需要具备耐用性。

Enphase Energy（美国能源企业）是一家总部位于加利福尼亚州的太阳能技术制造商，公司在得克萨斯州、爱达荷州和加利福尼亚州开办的数家工厂雇用了约775名员工。太阳能是"钛经济"中增长最快的领域之一，拥有突破性产品的Enphase Energy优势明显。公司发明了一种微型逆变器，该装置可以将电池板产生的直流电转换成我们日常使用的交流电。它解决了"圣诞树问题"。

Enphase Energy 的微型逆变器是连接在每个面板上的一个小型设备，而传统逆变器是较大的设备，用于转换一整套互连面板的能量，并且容易发生故障，从而使整个系统失效。使用 Enphase Energy 的技术，如果一个面板的逆变器被禁用，其他面板不会受到影响。

知名科学家、风险投资家、太阳能电池早期投资者、Enphase Energy 公司董事会成员 TJ·罗杰斯强调了这项创新的非凡之处。"让发电厂进行这种转换已经够难的了，"他解释说，"让价值 100 美元的微型逆变器完成同样的转换需要高水准的设计。"他指出这项任务需要由定制的计算机芯片完成。正如他所解释的，该创新的一大好处就在于，"因为所有的东西都通过数字化连接，所以你可以监控每一个逆变器。例如，你可以检查屋顶上所有电池板的输出功率，并及时发现故障"。

同许多"钛经济"中坚力量一样，Enphase Energy 的创立既是出于直觉，也是出于机遇。马丁·福纳热由于对自家农场太阳能电池板上串式逆变器的低性能非常失望，在 21 世纪初与 Cerent（光学设备制造商）的工程师拉古·贝鲁尔合作开发了这种新型微型逆变器。到 2007 年，两人开发出了一个原型机，并与保罗·纳希合伙创办了这家公司，由纳希担任首席执行官。2008 年，Enphase Energy 吸引了约 600 万美元的私募股权投资，随后便发布了第一代微型逆变器产品，并取得了一定的成功。公司于 2009 年推出的第二代微型逆变器更加成功，10 年里销售了约 40 万台，到 2010 年中期，其在住宅太阳能系统供应市场的占有率达到 13%。自此，Enphase Energy 开始飞速发展。2011 年初，公司售出了第 50 万台微型逆变器，并于当年末售出了第 100 万台。再加上当年夏天发布的第三代微型逆变器，Enphase Energy 2011 年销售了超过 100 万台逆变器，市场使用量达到 155 万台，市场占有率达到 34.4%。

到 2012 年，Enphase Energy 的逆变器产品已占美国住宅设备市场的 53.5%，占全球微型逆变器市场的 72%，成为全球第六大逆变器制造商。公司也将业务扩展到欧洲蓬勃发展的太阳能市场，并在英国和澳大利亚取得了相当大的成功。

与此同时，公司继续扩大在美国的市场份额和产能，并取得新的突破。其微型逆变器节能效果非常好，甚至不需要冷却风扇，而冷却风扇是大多数太阳能电池板的"花钱大户"。罗杰斯说，通过不断提高生产质量，微型逆变器的可靠性已经达到了"半导体级别"。

Enphase Energy 在让住宅太阳能给用户带来红利方面走在了行业前列。它在太阳能电池板系统内安装传感器，使用户可以将能源反哺给电网，从而从当地的公用事业中获得收入。住宅太阳能的发展方向可能是结合电池板与电池存储创建微电网，让家庭在停电期间可以自行发电。这样做还有一个好处，那就是电池容量允许太阳能系统在阳光照射不到的时候（太阳能系统的一大限制）发电。罗杰斯把自家的房屋改造成了一个微电网。若电力供应商中止服务，他只需断开与公用电网的连接，打开家庭系统就行。拥有这种电池存储的家庭可以联网形成一个社区微电网，邻里之间可以买卖电力。

罗杰斯解释道，这将解决公用事业公司因"负担不起电池"而只能让大型太阳能场在白天运行的问题。随着家庭自购电池，太阳能的好处将被越来越清楚地展现出来。希望太阳能更加可靠、便宜，是消费者投资这些电池系统的一个重要动机。

只要能加速太阳能发电的使用，那么无论什么都值得鼓掌，因为减少化石燃料排放、减缓气候变化刻不容缓。

挖掘水能潜力

绿色氢燃料行业改变世界的潜力，正在使能源新贵 Ohmium（绿色氢能服务商）的业绩节节攀升。为了寻求实现能源使用现代化的途径，印度政府敲开了这家总部位于内华达州的公司的大门，成为其最大的客户之一，也标志着这个新兴行业向前迈出了一大步。

一提到氢，很多人会想起氢弹和"冷战"时期恐怖的核扩散。其实，氢燃料的安全性与太阳能相当，并且更加灵活和无污染，因为氢电池不会产生任何排放物。受作家儒勒·凡尔纳"水总有一天会被用作燃料"这一信念的启发，Ohmium 开展了一项业务，即分解水分子，并将质子释放的能量存储在冰箱大小的能量单元中，这些能量单元可为 10 000 块电动汽车电池提供电力。该成果引起了风险投资家和 Ohmium 投资人艾哈迈德·夏蒂拉的关注，后者是全球公认的清洁能源经济战略家，独具慧眼。

由于没有碳排放，绿色氢气可以用于工厂、汽车，最终进入家庭。"我一直说，世界应该更多地使用液体能源，尤其是在特斯拉这样的公司进入市场之后。"夏蒂拉告诉我们，该行业目前由石油和天然气主导，占全球能源市场的 2/3。"绿色氢气的能量密度使其成为一种可行的燃料来源，特别是在太阳能和风能成本大幅下降的情况下。很快我们就能给汽车提供动力了。这意味着氢能源的市场非常广阔。使用绿色氢能是历史性的跨越。"

Ohmium 以创新的产品和服务实现可持续的生活方式为使命。通过专注于绿色氢气，该公司正在履行这一使命，即创造一个可持续发展的世界，同时为工业、交通和能源项目提供模块化、可重复、高效能的氢能源电池生产模式。大体来说，就是吸收阳光，将其与水结合，得到氢气。它完全是绿色能源，但只在一个很小的圈子里流传。

"我们将成为氢气制造生态系统的一分子，帮助解决电力和电池无法解决的经济问题。这就是我们的商业模式。"Ohmium 的首席执行官阿恩·巴兰坦告诉我们，Ohmium 的使命是开辟另一条通往"后碳燃料"经济的道路，并在获得新客户的基础上，使印度成为世界氢清洁能源中心。

就像大多数"钛经济"案例展示的一样，我们看到了又一个实用、可塑的复杂技术生产平台。"有很多人在研究如何制造氢气，而我们所做的，是以不同的方式行事，"巴兰坦解释说，"我们创建了一种架构，其本质是一个允许我们以模块化方式生产氢气的平台。就像你在安有机架和机架服务器的数据中心，或者在遍布电池板的太阳能农场，甚至在特斯拉的许多小电池中看到的一样，我们也以相似但与印度经济能力相适应的方式生产氢气。

试想一下如果我们制造的东西有核电站那么大会怎样。相反,我们的产品非常容易运输和储存。因此,谈及建造一个绿色制氢中心,我们确实有这样的模式。"

在 Ohmium 的顾问帕舒帕提·高普兰看来,氢有成为"钛经济"绿色燃料的潜能。他说:"新行业正在诞生,而且时机非常合适,因为很明显,全世界都在谈论脱碳。"

只有一个地球

奥尔德斯·赫胥黎说过:"事实不会因为被忽视而消失。"说得更直白一些,面对全球气候危机,我们只有一个地球。

预计到2050年,发展中国家适应气候变化的成本可能达到5 000亿美元,造成的全球GDP损失高达18%。建筑、食品、纺织、制造业等中低温热需求行业需加快业务电气化。总而言之,到2050年,它们的电气化水平要达到目前的两倍以上,也就是从2016年的28%提高到2050年的76%。

幸运的是,随着公众舆论转向改善全球气候,世界领袖和商界领袖有史以来第一次同意齐心协力减轻气候变化的影响。投资者、消费者、州政府和联邦政府正在对制造商施加更大的压力,要求它们遵守更严格的环境标准。投资者也将加大对具有气候意识的公司的投资,2020年6月至2021年6月,气候技术开发公司接受的投资接近900亿美元,比2019年增长了210%。消费者也比过去更加在意购买行为对环境的影响。与此同时,各州正在通过法律对温室气体排放制定更严格的标准,联邦监管机构也在采取行动。2022年3月,美国证券交易委员会制定了一项与气候相关的披露规则，以帮助投资者更好地了解公司可能面临的气候影响，以及其董事会和管理团队如何应对这些影响。残酷的现实表明：制造商在可持续发展方面的投资将得到奖励，否则将被追究责任。

好消息是，制造商正在全面应对这一局面。在过去的 10 年里，美国工业公司的碳排放减少了 12%，还有许多公司正在"加快"努力。10 多年来，许多公司要求供应商减少温室气体排放，有些公司甚至要求供应商公开报告其排放量。许多公司正在采用创新技术升级设备，提高效率，用可再生能源替代化石燃料。这些举措既增强了公司的可持续性，又在积极的反馈循环中提高了生产率，从而推动减少碳排放。

吸引环保意识越来越强的客户，以及吸引下一代创新者和问题解决者到领先的公司工作，也能获得回报。全球气候危机也是年轻人关注的主要问题，这一代学生中有一半表示他们希望在环境可持续的企业工作。大学辅导员报告说，最近攻读环境相关学位的学生人数激增，且势头还在继续。这是"钛经济"公司的另一个竞争优势，许多公司正在抓紧时间推出可持续发展计划。

对许多 Z 世代来说，目的高于利益。幸好他们，还有我们都可以做到这一点。

第十章

钛经济的颠覆性创新

2020 年 3 月，伊利诺伊州群发了一封电子邮件，请求帮助寻找个人防护用品。新冠肺炎疫情的出现让医护人员和其他工作人员使用的口罩、手套和防护服成了地球上最具价值的商品之一。每个政府实体，从联邦和州一级到底层的市政当局，更不用说医院、诊所、公共机构、零售商等几乎所有面向公众的组织，都争先恐后地购买个人防护用品，结果却发现没有库存。与许多制造商一样，个人防护装备供应商多年前已将业务迁出美国。2020 年初新冠肺炎疫情暴发之前，中国的个人防护用品市场就占据了全球一半。

一个自称生活在芝加哥的名叫杰夫·波伦的风云人物收到了这封来自伊利诺伊州的求助邮件。他意识到问题的紧迫性，立即梳理了关系网并开始打电话。努力得到了回报。波伦与一位在中国一家纺织厂工作的朋友取得了联系，这家纺织厂最近转向缝制口罩和防护服。但它的库存大多已被预订。尽管如此，波伦的朋友还是接受了挑战，从一家工厂跑到另一家工厂，得到了在工厂停工期间使用装配线的允诺。总之，他确保了150万个N95口罩的生产，这种高防护口罩已被证明可以阻挡95%的小颗粒，包括新冠病毒，而我们在2020年之前很少听说这些。

我们讲述这个故事，不是因为结局圆满——在发出求助邮件一个月后，伊利诺伊州收到了救命的货物——而是因为它对美国制造业来说充满警示意义。总体来说，美国是世界上最大的个人防护用品净进口国，也是最大的呼吸机净进口国。这让美国在2020年初变得脆弱，在下一次重大卫生危机来袭时将继续面临风险。

然而，我们担忧的不仅是这些紧急产品。新冠肺炎疫情广泛暴露了商品供应链的脆弱性，无论是汽车、建筑材料，还是人们在日常生活中依赖和企业运营所需的一系列产品。美国巨大的需求能力，不能也不需要由其他国家的企业等来支配和满足。正如我们在前几章中所展示的，制造商可以让美国国内的业务繁荣起来。

面对前所未有的混乱局面（新冠肺炎疫情只是其中之一），我们应该抓住机会促进"钛经济"增长，发挥其真正的潜力。宏观经济改变、技术进步和资本流动变化都在推动世界格局剧变，而我们也看到了可能阻碍美国工业技术部门发展的重大不利因素。如果不迅速行动，我们就会继续落后；如果吸取过去的教训并向全球同行学习，我们就能迎难而上。好消息是，许多"钛经济"公司已经意识到它们面临"颠覆性改变",正在迅速采取行动。

第一个颠覆,也就是宏观经济改变,正在重塑商业环境。其中,地缘政治紧张局势使国际秩序的未来变得不可预测。气候变化和到2050年实现净零排放将改变全球经济,平均每年需要9.2万亿美元用于能源和土地利用系统的实物资产支出,比现在多出3.5万亿美元。新冠肺炎疫情不仅造成了巨大的痛苦和生命损失,还影响了全球经济,让我们经历了供应链紧张。

第二个颠覆,就是在宏观经济变化的背景下,技术变革的步伐继续加快。量子计算虽然仍处于起步阶段,但有望改变从密码学到航空、数据分析等许多领域的游戏规则。这种新型计算机可以分析海量数据,比当今最强大的超级计算机性能更强,能处理复杂难题。举例来说,若要在含有1万亿个项目的列表中寻找某一个项目,而每个项目需要1微秒的扫描时间,传统计算机大约需要1周时间,而量子计算机只需要1秒。到21世纪30年代中期,这种超能计算的潜在价值将超过1万亿美元。

与此同时,云计算、人工智能与先进制造结合,催生了大量应用程序,发展势头不减。到2030年,预计将售出1 250亿个物联网设备。随着5G(第五代移动通信技术)的扩容和即将到来的6G(第六代移动通信标准)电信网络时代,工业机器人(目前数量已经超过270万台)将越来越支持先进材料开发、3D打印等对"钛经济"至关重要的应用。这种连接高速5G的基础设施将进一步推动电气化交通、储能和智能电网的技术进步，发展更加节能、更可持续的智慧城市。当然，发展的速度取决于对它的投资量。

第三个颠覆，是资本供应的变化，也就是可用于投资世界各地资产的资金量。风险回报曲线决定了各类资产的资金供应量。通常情况下，股票等高风险证券的投资回报较高，债券等低风险证券的回报较低。举个例子，在21世纪头20年，比起一个菜鸟四分卫，汤姆·布雷迪带领球队赢得"超级碗"比赛的可能性更高。因此，鉴于这种高可能性，把钱押在布雷迪身上的投注者会降低回报预期。在投资界道理一样，即考虑到资产类别的潜在风险，投资者期望得到多少回报，这被称为风险回报曲线。在过去30年中，全球资本供应增长了5倍，从1990年的118万亿美元增加到2018年的700多万亿美元。而且，无论是公共股本和债务，还是私人股本和债务，每一类投资都经历了这种增长。然而，并非所有资产类别都出现了这种增长。近年来，企业估值已升至历史高点，各国央行纷纷下调利率以刺激经济增长。这些趋势从根本上改变了投资者评估风险的方式。他们一直期望从高风险资产中获得比以往更高的回报，这意味着典型的风险回报曲线走向陡峭，从而推动更多资金流向高风险资产，形成一个自我延续的循环。

由于养老基金存在资金缺口，我们预计资金流向高风险资产这一趋势将持续下去，因为养老基金是最大的资本来源之一。20

年前，美国养老基金在履行对其选民的义务方面较为充足。换句话说，账上有足够的钱来支付先前承诺的养老金。但现在的资金缺口接近总额的30%，这意味着账上的钱只够支付70%的养老金。这促使养老基金将更多地进行高风险投资，以获得更高的回报弥补缺口。

工业领域存在明显的机会。工业领域的回报以实际表现为前提，而不是像科技和电信等行业那样取决于投资者的乐观情绪——工业部门在过去10年中提供了更可靠的股东价值。如果机构投资者和投资界抓住机遇，美国的"钛经济"就可以超越国外的竞争对手。

在投资方面做出这种转变至关重要，因为美国正处于建立卓越制造业能力的竞争中，除非采取行动，否则我们将面临落后的危险。下面，我们将讨论一些具体的方法，以减少阻碍进步的不利因素，并通过有利因素推动我们前进。每个人都需要努力，因为我们开出的"变革处方"涉及包括公司领导者、投资界和政策制定者在内的整个"钛经济"生态系统。

五大处方

处方1：工业企业可以借鉴"钛模板"成为微观垂直行业领导者

我们相信，拥有数百家甚至数千家特斯拉、HEICO 和美得彼这样的企业，整个"钛工业"领域将变得更加强大。但要实现这一目标，不能仅依赖这二三十位"明星"企业领导人，还要把他们的企业转变为高科技驱动型公司。

根据我们的经验，顶尖"钛经济"公司利用技术驱动价值，通过更智能地使用数据为客户创造能增加实际价值的产品，并确保客户愿意为此支付更多费用。例如，如果你生产搅拌器或泵，就可以加装智能传感器跟踪设备运行情况，更主动地诊断维护问题。你还可以与客户分享这些数据，帮助他们更好地经营业务，明确你为他们创造的价值。实现利润并不难：改进产品的性能，提供客户愿意支付更多费用的附加价值，就能提高利润。我们谈论的不仅仅是收入增长。倘若公司现在的税息折旧及摊销前利润为 5%~10%，我们希望它达到 15%~20%。通过改造基础设施和产品，今天的新技术浪潮为实现这种收入增长提供了前所未有的机会。如果应用得当，数据分析不仅有助于在产品开发方面更好地决策，还有助于在定价、销售、成本和工厂运营方面更好地决策。

"钛经济"公司已经取得了引人注目的成就，没有理由不把目标定得更高，希悦尔的埃米尔·沙马斯告诉我们，他们就是这么做的。"我们已经创造了高利润率和包装行业最大的乘数效应，但仍发起了一项名为'重塑希悦尔'的倡议，以实现公司转型。"他说，"我们不和别人比，而是和自己比，与世界一流水平比。当我们在2018年12月宣布这个倡议时，出现了一些担心过激的声音。尽管如此，我们还是宣布了一项到2021年底增加2亿美元利润的计划，市场反应良好。此后的18个月里，我们有条不紊地完成了任务，并在截止日期前超额完成了既定目标。我们精简了流程，改善了内部以及与客户和供应商的互动。我们还推动了有机增长，通过并购从产品公司转变为世界级的数字化公司，像初创公司一样颠覆我们所服务的市场、行业和我们自己。"

与希悦尔一样，这种转型可以在很短的时间内发生。根据我们的经验，那些将期限设定为5~10年的公司最终都无法实现目标。相反，要想加快改善业绩，就用18~24个月迈上新台阶——我们是指转型，不是指增量——你会发现自己在采用新技术方面变得更加积极。这还不够。一旦公司确定了核心业务，就可以瞄准目标，成为其微观垂直行业的领导者。

专注于核心业务是成功的关键，否则就有可能失去对客户的深入了解，无法找到为他们提供更高价值的最佳方式。HEICO是一家航空零部件公司，固瑞克则是一家流体处理公司。只要专注于核心业务，你做什么、为谁做就会非常清晰，不需要在营销上挥金如土。至于研发支出，大部分都应严格用于重要创新，而不是四处撒网。利用并购机会扩大规模成为微观垂直领域数一数二的企业，也是一种有效的策略，HEICO、美得彼这两家公司就是这么做的。

经过验证，这一模式适用于任何工业公司。

处方2：工业领袖可以在展现公司实力与价值方面做得更好

在过去10年，投资者预期的改善使大多数行业的价值都有所上升。在各行业中，无论我们研究的是什么公司，由于投资者愿意投入更多的钱，公司的估值与收益或税息折旧及摊销前利润（一个行业的平均基准）的倍数比一直在扩大。事实上，自2010年以来，倍数比平均增长了近80%，而公司的实际利润却平均下降了30%。以电信行业为例，2/3的估值增长来自投资者对这些公司的估值比10年前更高。换句话说，如果你持有一家公司的股票，那么你在过去10年里获得的价值增长有近90%是因为倍数比一直在扩大。

更重要的是，倍数比与实际收益率的相关性非常有限。也就是说，投资者一直在期待公司的业绩越来越好，但尚未成为现实。这种相关性实际上不到10%，低到令人难以置信。公司的增长率与倍数比也没什么相关性。根据我们的分析，只有不到40%的倍数比扩大可以用实际业绩增长来解释。

如果说我们在各行业中都看到了这种现象，应该还要排除一个部门。在工业部门，过去10年只有1/3的股东价值来自更高的倍数比，而2/3的股东价值来自收益或利润增长。具有讽刺意味的是，该部门的倍数比是整个经济系统中最低的，因为投资者对工业股不那么感兴趣。但是，如果投资者仔细研究工业部门的公司，就会发现至少有40家公司非常吸引人。

那么，投资者如何识别下一家HEICO、固瑞克或美得彼呢？收益质量是一个重要因素。要判断收益质量，我们先要回答几个问题：公司目前服务于哪些市场？公司服务的客户属于什么类型，是前景广阔的客户，还是表现一般的客户？公司是只作为一个供应商存在，还是与客户建立了亲密关系并共同开发产品？公司给市场带来了何种知识产权？如何将产品货币化？公司是与客户保持持续的关系，还是一次性销售关系？公司监管是另一个对估值很重要的因素。所有权结构是怎样的？支撑公司运转的首席执行官和董事会是怎样的？

为了在分析中突出这些吸引投资者的地方，工业科技公司需要精通投资界的语言，以便更好地展现自己。

处方3：投资者可以改变自己对潜力工业公司的判断与估值方式

相应地，投资者也要加深对工业科技行业的了解。首先，他们可以努力寻找投资机会，不要将目光投向整个行业，而是将其分解成微观垂直领域，再观察活跃于这些微观垂直领域的公司。接着，他们可以评估特有细分市场里的每家公司。这样，他们就能更好地理解估值：它们是否合理？是否过高或过低？投资者能够迅速识别估值合理但与收入的倍数比不高的公司。相对于它们目前的赢利能力和运营水平，这些公司具有明显的上升潜力。

在评估潜力时，投资者应明确公司的收益质量。估值与收入的倍数比较低，不一定就是具有上升潜力的公司。在倍数比较低的公司中，有一些公司在增长、经营杠杆和赢利能力方面都表现出了高质量收益。这些基本面较强的公司是值得关注的"潜力股"。其中，最有潜力的公司在应用新技术提高业绩方面拥有最好的发展前景。

此外，投资者还可以积极地参与公司发展。投资者不应只以金融赞助商自居，而应帮助公司进行变革。旗舰先锋（Flagship Pioneering）就是一个很好的例子，这家风险投资公司致力于在人类健康和可持续发展方面取得突破。为了实现突破性创新，旗舰先锋公司开发了一种模式，即同时担任其所投资公司的创始人和出资人。这些公司遵循结构化流程，从其全资拥有的实验室开始进行大规模创新。每一家公司都开发了具有创新潜力的平台技术，远远超过大型企业传统上所追求的渐进式创新。为了帮助这些公司充分发挥潜力，旗舰先锋公司维持着一个拥有重要科学、技术和财务资源的生态系统。积极参与公司创建，利用自有生态系统提供支持，旗舰先锋公司通过这种方式缔造了像莫德纳（Moderna）这样的世界一流创新公司。

最关键的是，投资者要更敏锐地把握工业领域的机会，如果他们果断采取行动，就可能胜过资本开发。如果他们真的投入进去，把时间花在工业投资上，并帮助投资对象实现销售增长，例如将公司介绍给自己的客户或者利用数字资源帮助公司更好、更高效地经营业务，那么回报就会不言自明。

处方4：重视人才以防产业创新势头停滞不前

电工、水管工、木匠和暖通空调技术员等技术岗位近10年来一直处于缺人状态，而新冠肺炎疫情又加剧了这种状况。这些行业中，每100个岗位就有30个招不到人。换言之，制造业中的空缺岗位达到240万个，而且由于劳动力短缺，过去10年里的经济损失估计高达2.5万亿美元。这个问题会变得越来越严峻，因为眼下离开这些行业的人比加入这些行业的人多。与此同时，随着越来越多的公司希望将供应链和生产迁回美国，对技术工人的需求还会增加。我们需要考虑对教育体系的各个方面进行改革。

首先，高中可以重振职业和技术教育，为感兴趣的学生提供结构良好的入行准备。职业和技术教育一直是美国教育体系不可或缺的一部分，但在1990—2009年，高中生获得的职业和技术教育学分减少了14%。美国半数以上与职业和技术教育相关的工作集中在以下四个领域：商业管理、制造业、酒店业和市场营销。然而，这些领域目前只占职业和技术教育核心课程的1/4。虽然在过去10年里，各州制定了一系列关于职业和技术教育项目的新法律或政策，人们也重新燃起对职业和技术教育的兴趣，但我们可以在国家层面上进行支持，加快职业和技术教育在下一代中的复兴。

其次，我们可以建立全国性的学徒协会，努力在美国文化中将学徒制的地位提升到与大学学位同等的水平。联邦政府应出台支持性政策并提供资金，帮助建立这样的教育和学徒项目。通过公司和学术课程提供双重培训的德国学徒制是一个值得参考的领先模式。该国的工业公司将其提供的培训视为获得技术过硬员工的最佳途径。学生方面，超过一半的高中毕业生加入了这个体系，学徒制和大学学位课程一样受到欢迎。

学徒协会应负责发起全国性行动，重塑学徒制和职业培训，消除美国人心中的负面看法。成功在全国推广学徒制和职业培训的新加坡是一个优秀榜样——排名后25%的高中生中，有90%进入技术学院学习，并在毕业后找到了高薪工作，而美国排名后

25%的高中生更有可能辍学。

最后,我们可以针对第四次工业革命带来的技术颠覆出台国家政策,提升工人所需的技能。这是任何改革努力都必须考虑的一点。随着机器越来越多地替代人工,公司和政府应帮助技术工人适应职业角色的转变。对劳动力进行再培训,使其能在日益自动化的工厂中工作并不容易。工人需要学习新的技能,比如编写软件(即使生产力水平较低),并为设计更好的产品和进行数据分析做出贡献。他们需要成为更好的问题解决者,充分利用海量数据。未来每一名工厂雇员都必须具备批判性思维和与同事沟通的能力。

新加坡的"技能创前程"计划(以及实施计划的新加坡劳动力局)是技能培养项目的良好典范。该计划对所有公民开放,不论背景。它支持处于职业生涯中期的个体,通过信誉良好的公司开展直接培训,使其获得相关技能。这种做法可以在美国进行复制。联邦政府也应像德国那样修订失业条款,推动政府和雇主共同承担支持兼职工作和技术转型的责任,让工人在学习新技能的同时保持就业和生产力。

处方5:高度重视第四次工业革命,建设基础设施,支持采用工业技术

正如我们在上文指出的,技术颠覆正在进行中。量子计算、

云计算、人工智能、机器学习、先进材料和3D打印已经使工业部门更具竞争力、更高效，并且更能满足客户的需求。预计在未来5年内，物联网、机器人和自动化能力将以每年20%的速度增长。与此同时，工业领域的电动汽车、无人机和自动驾驶也正在蓬勃发展。美国必须有能力控制这些行业，否则就可能在未来面临重大挑战。

举个例子，在锂电池行业，美国只占全球产能的10%，而中国占了近60%。锂电池是电动汽车和自动驾驶汽车的关键所在，如果我们继续在这一领域落后，依赖外国的技术和产能，就难以掌控本国制造业的命运。

中国之所以能走在制造业前列，是因为政府发挥了带头作用，提供资金以确保制造业拥有一流的科技公司，而不仅仅是高效的工厂。随着竞争力不断下降，美国工业企业如今面临的现实是，它们再也承担不起作为非科技公司的后果了。

只要看看半导体制造领域发生的事情，就能知道竞争演变的速度有多快了。几十年来，美国一直是该领域的领导者。然而，在过去30年里，随着美国的竞争力走弱，中国台湾和韩国占据了半导体市场的半壁江山。近年的事实表明，半导体芯片供应短缺不仅阻碍了我们生产电脑的能力，也阻碍了从汽车到消费品的一切生产活动。

工业企业高管必须意识到我们应在5年内缩小这些差距。就是这样。无论是在锂电池、半导体制造、电动汽车行业，还是在人工智能行业，我们都不能坐以待毙，因为大西洋或太平洋彼岸的一些国家正在奋勇争先。等待的代价是巨大的，它不仅仅关系机会成本，还会使国民收入减少。工作岗位无疑也会流失。

联邦政府应在这方面发挥作用，可以考虑任命内阁级别的首席工业技术官职务，负责指导国家制定创新战略和政策，支持工业部门发展。目前已经有人就这一想法做出提议。在两党的共同努力下，国会议员蒂姆·瑞安（俄亥俄州民主党人）和汤姆·里德（纽约州共和党人）向第 116 届国会提交了 HR 2900 法案，呼吁在总统行政办公室设立美国首席制造官，以协调"政府间与制造业相关的政策和活动"，并"制定国家制造业战略，为制造业建立清晰的增长路径"。有了正确的国家工业科技战略，就可以进行路径规划，确保在人工智能、机器人等新技术领域的优势地位，并重点投资和资助这些领域。我们希望看到公共和私人部门联合创建负责实施这些措施的美国工业科技机构，这将有助于优先处理和压实"美国制造创新网络"计划奠定的基础。这也将形成一批集中或分散的公共和私人机构，它们专注学术创新，再将这些先进技术转移到相关行业。在学术界和私人部门之间架起一座桥梁，可以加快将创新推向工业企业和市场的步伐。

最后，出台财政政策以及在具有战略意义的领域进行投资可以鼓励利益相关者真正释放潜能。我们应向韩国学习，为公司的研发支出提供税收减免。我们还可以借鉴其他国家的经验教训，吸收各种优秀理念。例如，美国政府可以考虑发行风险较低的"美国制造"政府债券。我们还可以效仿其他国家建立国家开发银行，在私人资本市场发行债券，并将其分配给中小型企业。

工业科技部门的未来并不缺乏变强的思想和机会。

立即行动

在这个大颠覆时代,拐点已经来临。作为商业领袖、投资者、政策制定者和公民,我们有两条路可以选择。一是墨守成规,可能成为落后于中国和印度的第三大经济体。在这种情况下,社会不平等现象会加剧,工业以外的低工资工作会迅速增加。二是面向未来,重新成为世界制造业超级大国。在这种情况下,"钛经济"公司如雨后春笋般在各地涌现,组成充满活力的"钛经济"中心,开启增强国家社会经济力量的"伟大的放大周期"。

采取行动,迫在眉睫,先行者将获得非凡回报。现在就果断采取行动的公司,最有可能抢占其所在微观垂直领域的市场。相反,故步自封将付出高昂代价。如果越来越多的投资者开始关注工业企业,发现"钛经济"公司价值洼地的可能性就会降低。公共政策的出台也同样紧迫。目前,所有主要依赖制造业的国家都在制定积极的产业政策,强化对劳动力的教育,加快建设基础设施,以实现在工业科技领域取得全球领先地位的目标。此外,教育公共政策的改变需要较长时间才能培养出合格的劳动力。美国完全有能力抢占领先优势。

  美国必须行动起来，否则就会面临严重后果。我们深信激发所需的改革离不开一份行动蓝图，因此在全书末尾提出了30条建议，内容涵盖创新、教育和政策领域。我们必须齐心协力，无论你是公司高管、政策制定者、工厂工人，还是正在考虑职业选择的学生。让我们投身"钛经济"公司和社区，创造一个更美好的未来。只要有你的帮助，理想就能变为现实。现在就开始行动。希望我们的鼓舞，能让你加入这项事业。

结语

关于创新、教育和政策的 30 条建议

创新

- **考虑设置首席工业技术官职务**及专门机构，以确定国家制造业的战略重点，商讨工业科技问题，推动公私合作、采取补贴等激励措施。
- **探索建立国家技术战略**，将人工智能、机器人技术和工业 4.0 技术列为优先级，并重点投资和资助这些领域。
- 通过创建美国工业科技机构**优先**处理和压实"美国制造创新网络"计划奠定的基础。该机构由一批集中或分散的公共和私人机构组成，着重将学术创新转移到企业，实现新产品开发、技术增强和效率提高的目的。
- 认定一个全国性"创新中心"网络，集中布局工业、学术和金融等机构，以改善合作和创新产出，将人们的目光从硅谷和沿海中心吸引过来。

- **优先投资工业科技领域，吸引关注并提高价值**，控制对标准技术的投资，认识到美国制造业的活力和乘数效应。
- 鼓励公司**完善员工持股及相关商业模式**，支持它们在结合员工利益和股东利益的基础上实施计划提高员工参与度，加强企业文化建设和创新。
- 支持为工业和公众提供技术和清洁能源解决方案的大型项目，**适度超前建设基础设施**。

教育

- **振兴职业技术教育高中课程**，帮助有志于接受技术培训的学生做好全面扎实的准备。
- **实现中等后教育（中学之后的教育）、职业教育和硕士教育项目的免费就读**，培养世界领先的高技术劳动力，为边缘人群创造更多机会。
- 提高以**技能为基础的中等后教育的入学率**，培养学生掌握雇主所需的技术技能。
- 效仿德国**创建大师学校体系**，建立一个全国性教育和工业合作网络，聚焦人工智能、增材制造、机器人等特定专业领域。
- 提高实习质量，**取消无薪实习**，并将其定位为学徒制的一个入职门槛，激励雇员在早期接受技能培养。
- 跨州**建立全国性"学徒协会"网络**，将学徒制在美国文化中的地位提升到等同大学学位课程的程度。
- 发起一项全国性运动，重塑学徒制和职业培训，消除其不如大学学位的观念。
- **围绕技能提升制定国家战略**，"着眼于未来"，通过创建领先的技能培养和技能提升项目，为员工和雇主带来长期价值。

- **鼓励求职者从开始接受教育到就业全程与雇主建立联系**，让每个人在职业初期就获得指导。
- **鼓励传统的社区学院和大学体系尽可能开展根据学生能否被聘用收费的"成功付费"培训项目。**
- **制订劳动力培训计划，特别关注提高低薪阶层和少数群体的技能**，缩小其与未来行业所需技能的差距。
- **出台全国性认证服务办法**，提供集中认证系统，帮助求职者向雇主证明他们的技能。

政策

- **评估设立新的国家开发银行或部门的可能性**，面向私人资本市场发行债券并将其分配给美国的中小型工业公司。
- 考虑发行风险较低的"美国制造"**政府债券**。
- **持续完善国家失业保障体系**，争取与雇主共同承担支持兼职工作（和技术转型）的责任，实施计划使工人在经济衰退中保持就业、生产和学习。
- **挖掘在美国"半边陲"（美国大陆的去工业化地区）的投资机会**，利用公私合作为新兴工业科技行业创建基本投入。
- **努力将供应链（包括潜在的增量资金）带回国内**，增强韧性，创造就业。
- **修建公共工程和基础设施**，增加对未充分就业劳动力的需求，并平稳过渡到技能水平更高的工业劳动力。
- **遵循调整资本支出的最佳实践**，投资国家创新重点领域。
- **寻求有助于刺激资本投资**和提高长期竞争力的选择，例如通过税收优惠支持工业4.0技术的采用。
- **助力推动创新领域的研发投资**，向德国和韩国的水平看齐。

- **想方设法增加美国对投资的吸引力**，例如采用具有竞争力的企业税率。
- **促进贸易的灵活性和适应性**，减少贸易壁垒。

图表

工业部门包含90多个微观垂直领域
每个领域都有"钛经济"公司的身影

行业	上市公司数量	微观垂直领域数量	微观垂直领域举例
汽车及配件服务	105	12	农业和农场设备、汽车零部件及服务、机动车和乘用车
航空、航天和国防	46	3	飞机/航空航天零部件及设备、航空和国防代工、军械及配件
电气元件及设备	32	5	电气照明和布线设备、电气存储和配电设备、太阳能电池组件、电动机和发电机
电子元器件及设备	156	21	自动化和控制、激光器及相关配件、通信元件、检测及测量传感器
住宅建筑产品及技术	101	12	消防和安全设备、建筑材料经销、制冷和制热设备、建筑外部产品
工业多元化	23	2	工业多元化、聚乙烯核心工业
工业机械	81	11	工业工具、金属制造工具、流体处理(泵、阀、计量器)、食品处理设备
工业材料	17	3	工业气体、特殊/工程材料
工业服务	94	15	工业废弃物解决方案、工业设计/采购/施工、废弃物收集和处理、工程服务
工业贸易与经销	33	6	耐用品批发贸易、集装箱/船用设备租赁、航空器材租赁、服务设备租赁
合计	688	90	

资料来源：McKinsey report (November 2020), Value creation in industrials。

微观垂直领域由产品与终端市场相似的公司集群构成

"钛经济"公司在各自的微观垂直领域寻求领先地位

行业	微观垂直领域	榜样公司
汽车及配件服务	①工程产品及部件	Badger Meter
航空、航天和国防	②发动机和涡轮机	Circor
		Crane
住宅建筑产品及技术	③流体处理(泵、阀、计量器等)	Colfax
	④食品处理设备	Evoqua
电气元件及设备		Flowserve
	⑤食品服务设备	Franklin Electric
电子元器件及设备	⑥工业工具	Graco
工业多元化		Gorman-Rupp Pumps
	⑦金属制造工具	IDEX corporation
工业机械	⑧包装设备	ITT
工业材料	⑨管道及金属	Mueller
		Pentair
工业服务	⑩特殊流体控制	Watts Water Technologies
工业贸易与经销	⑪特殊工业机械	Xylem

资料来源:McKinsey report (November 2020), Value creation in industrials。

私营工业公司占多数，80%的上市公司是中小企业

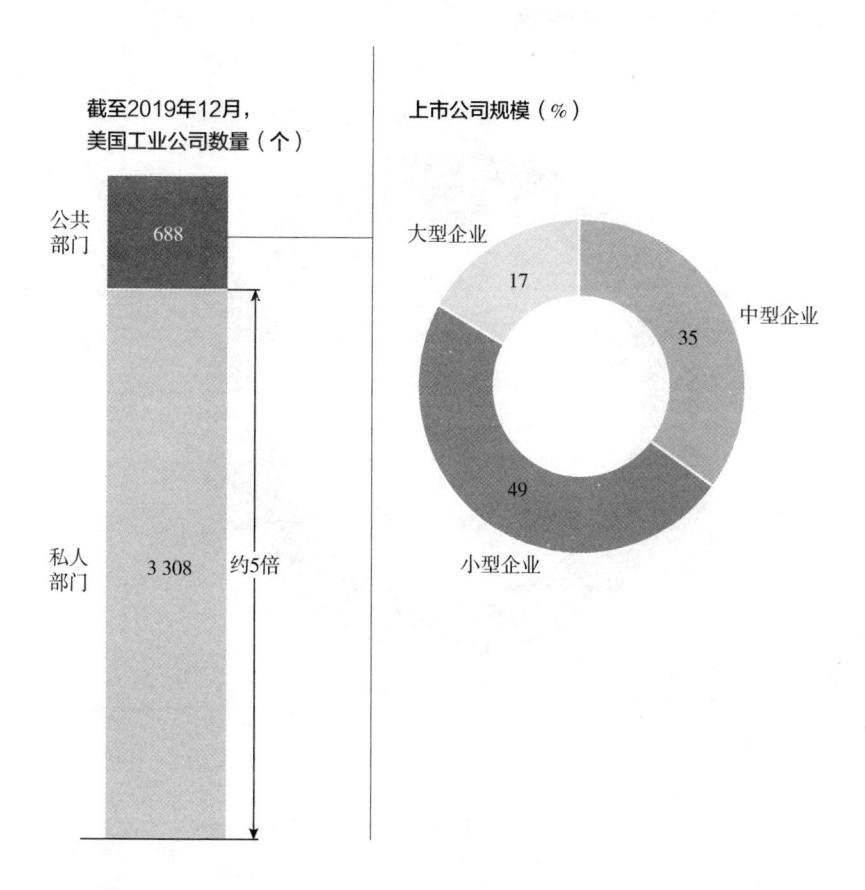

截至2019年12月，
美国工业公司数量（个）

公共部门 688

私人部门 3 308

约5倍

上市公司规模（%）

大型企业 17
中型企业 35
小型企业 49

注：上市公司资本总额根据2019年收入确定，超过50亿美元为大型企业，10亿～50亿美元为中型企业，低于10亿美元为小型企业。由于四舍五入，数据相加并不等于100%。

资料来源：McKinsey report (November 2020), Value creation in industrials。

图 表 225

"钛模板"
龙头企业利用"三步法"提高业绩

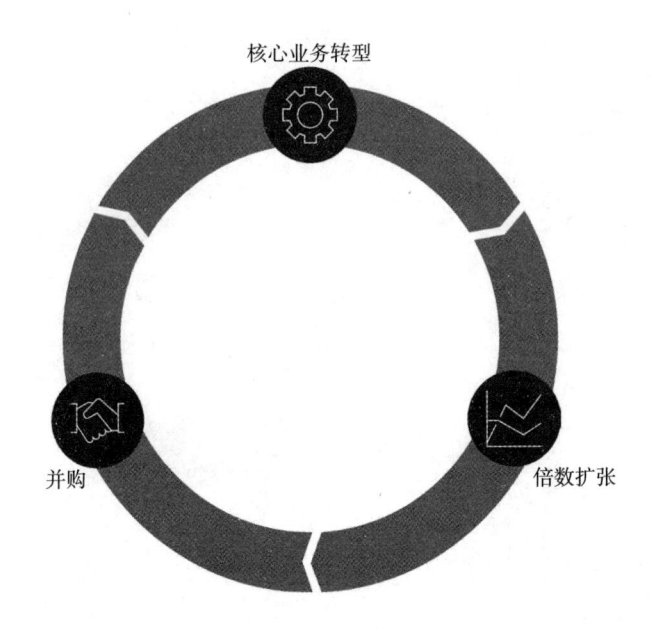

核心业务转型

并购

倍数扩张

第一步：
推动核心业务转型，利用技术和数据，加速实现利润率增长

第二步：
聚焦倍数扩张，在提高业绩的同时增加对投资者的吸引力

第三步：
利用并购进驻细分市场，为未来扩张搭建平台

"钛经济"致力于创造更美好的生活

从制造业开始的美国经济转型加剧了收入不平等

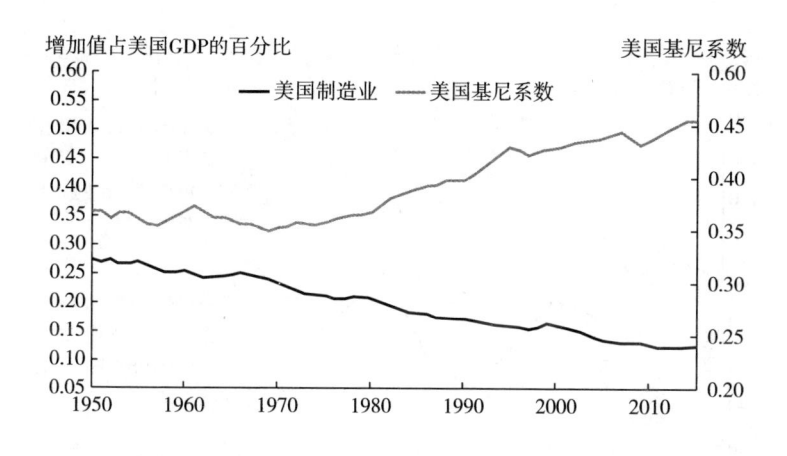

增加值占美国GDP的百分比 —— 美国制造业 —— 美国基尼系数 　美国基尼系数

美国基尼系数在七国集团中最高

总收入不平等的基尼系数

0= 完全平等，1= 完全不平等（2019 年最新可用数据）

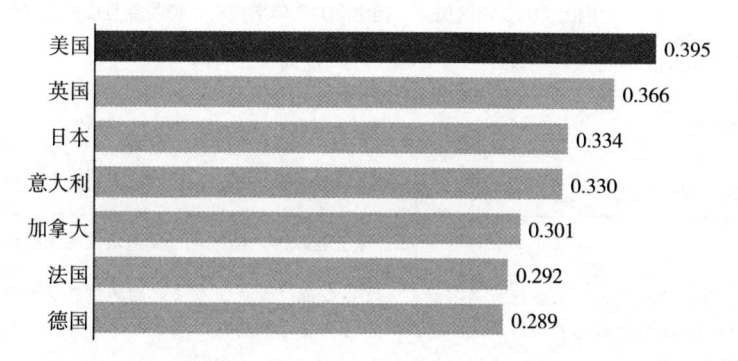

国家	基尼系数
美国	0.395
英国	0.366
日本	0.334
意大利	0.330
加拿大	0.301
法国	0.292
德国	0.289

注：基尼系数是由人口的累计百分比与其收入的累计百分比相比较得出的。

资料来源：Pew Research, OECD。

图表 227

工业公司通过真正的绩效改进而非期望推动价值

除工业以外,估值与收入的倍数比超越经济利润,成为股东价值创造主引擎

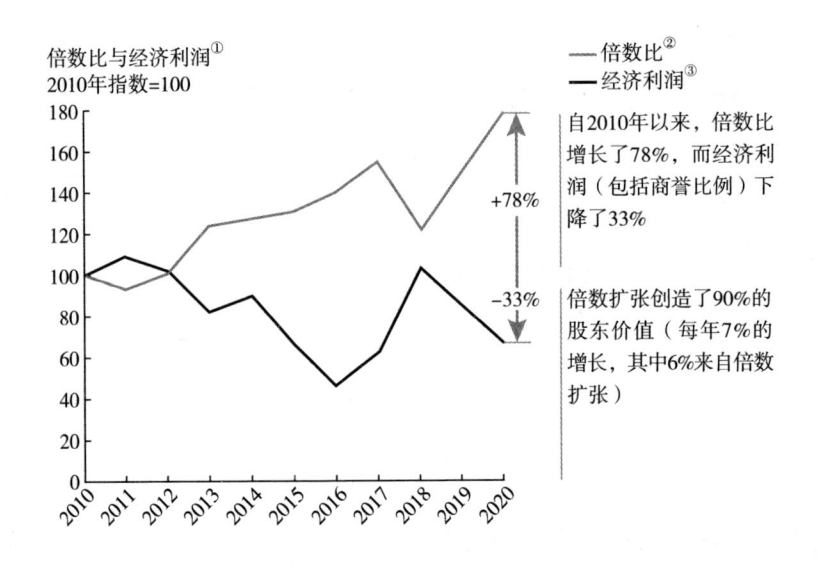

倍数比与经济利润①
2010年指数=100

—— 倍数比②
—— 经济利润③

自2010年以来,倍数比增长了78%,而经济利润(包括商誉比例)下降了33%

倍数扩张创造了90%的股东价值(每年7%的增长,其中6%来自倍数扩张)

	2020 年经济利润相比 2010 年增长	2020 年倍数比相比 2010 年增长	由倍数扩张导致的总收益互换占比增长
技术和电信	96%	115%	55%
消费者	6%	76%	93%
工业 4.0④	72%	47%	40%

除工业以外,倍数比是创造价值的主要模式

注:①以全球 2 300 家公司为调研对象。②企业价值或息前税后利润的计算采用企业总价值/息前税后总利润倍数法。③按照包括商誉比例的总经济利润率计算。④不包括航空工业。

资料来源:Corporate Performance Analytics。

大颠覆将推动工业创造更多机会——企业、投资者和政策制定者不可错失良机

重要颠覆：宏观转变、技术进步和不断变化的资本流动

气候变化
地缘政治紧张局势
新冠肺炎疫情
1.宏观转变
技术带来的威胁
供应链中断
人口结构变迁

量子计算
新的城市模式
先进制造
2.技术进步
能源
联通性
运输

全球资本供应
预期与公司表现脱节
高估值
3.不断变化的资本流动
风险回报曲线变陡
低利率
养老基金资金缺口

图表 229

利益相关者齐心协力，才能给予"钛经济"最佳支持
可供参考的部分建议

工业公司领导者：
- 提升技能，在大颠覆中引领未来
- 明确通往成功的目标
- 不断检验并调整

工业公司：
- 加速转型，创造价值
- 聚焦倍数扩张
- 利用并购进驻细分市场

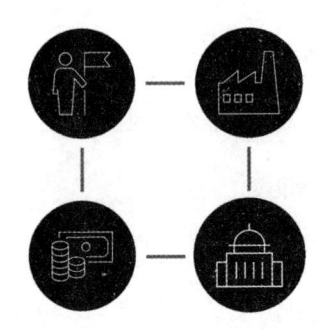

投资者：
- 利用"X因子"进行资本配置以外的投资，例如
  - 建立创新生态系统
  - 建立加速器生态系统
  - 着手投资
  - 知识资本

政策制定者：
- 持续进行教育改革，如职业和技术教育
- 评估创新机会，如集中设立一批旨在将学术创新应用到市场的公私机构
- 遵循出资或财政政策的最佳实践，如激励资本支出、发展在岸生态系统、出台有竞争力的税收政策

致　谢

衷心感谢为本书及书中见解做出贡献的朋友。首先感谢 25 位工业领袖，是他们的故事和经历启发了本书的思想；同时要感谢另外 50 位领袖，他们用个人经验和观点为我们揭示了工业发展的蓬勃前景。他们是大家的榜样，教会了我们"有志者，事竟成"。

感谢大家帮助我们进行必要的研究和分析，梳理数不清的采访记录，并整理出真正了解行业潜力所需的一系列观点。谢谢研究团队的领导者贾里德·雷特卡和杰克琳·内格尔，谢谢罗伯·康克尔、亚当·塔佩拉、尼科·乔伊和里亚德·哈马德，感激不尽。如果没有他们的努力，本书不可能如此迅速而充实地呈现出来。谢谢行政助理桑德拉·斯普拉格、芭芭拉·阿尔巴诺和达尼埃尔·伊斯贝尔自始至终提供的巨大帮助和持续合作。

我们敏锐地意识到，讲述工业部门的故事需要新的方式，以打破那些深深根植在美国人心中的偏见。我们希望在确保故事引人入胜的同时公平对待这个行业。因此，我们与肯·威尔斯、赫伯·沙夫纳和杰夫·斯莱特合作，努力在观点表达和故事讲述之间达成平衡。经纪人林恩·约翰斯顿对我们进行了专业指导。感谢你们的支持！感谢麦肯锡全球出版集团的领导拉朱·纳里塞蒂，是他鼓励我们与林恩合作；也感谢美国公共事务出版社的编辑本·亚当斯，是他在我们写书的过程中提供了周到的合作。感谢埃米莉·卢斯、杰米·莱费尔、克莱夫·普利德尔和公共事务出版社团队的帮助，也感谢蒂姆·沃德、亚当·布拉曼、戴维·哈里斯、哈娜·卡顿、卡姆·亨利和萨尔瓦多·戈麦斯－卡隆对本书的支持。

很荣幸能成为麦肯锡的合作伙伴，这里有许多同事愿意帮助我们集思广益。首先要感谢鲍勃·斯特菲尔斯，是他热情鼓励我们深入研究工业部门及其如何创造并影响可持续和包容性的增长。感谢《突破现实的困境：趋势、禀赋与企业家的大战略》一书的合著者斯文·斯密特，他在我们写作本书的初期提供了许多帮助和咨询。特别要感谢先进工业业务部的同事金·博登、戴维·埃本斯坦、因加·毛雷尔、亚历克斯·帕纳斯、谢卡尔·瓦拉纳西、阿克沙伊·塞蒂、尼迪·阿罗拉和西达斯·马德哈尔，他们都是工业领域的一流顾问，为本书提供了重要的灵感和创意来源。他们与奥萨托·迪克森、迈伦·舒根一起，在我们写书的过程中给予了强有力的支持。感谢先进工业业务部和公司的各位伙伴和同事，纵然无法一一提及你们的名字，仍然感谢你们一直以来的支持与合作。

深深感谢我们的家人，特别是丽塔·阿南德－帕迪、苏嘉塔·桑瑟兰姆和普丽扬卡·凯尔，谢谢你们多年来给予我们的劝告和鼓励，帮助我们实现写书的梦想。言语无法表达这些年来你们的支持对我们有多么重要。我们一边工作一边创作，如果没有家人的支持，本书不可能问世。

最后，感谢大家对"钛经济"前景的信心。我们希望尽己所能确保这一未来得以实现，也欢迎你分享自己的观点和意见。

参考文献

第一章　被轻视、低估和误解的制造业

EOS. "Liebherr: First Metal 3D-Printed Primary Flight Control Hydraulic Component." 2021. https://www.eos.info/en/presscenter/expert-articles/aerospace_liebherr_ventilblock.

Fraunhofer-Gesellschaft. "Fraunhofer-Gesellschaft Profile / Structure." Updated January 2022. https://www.fraunhofer.de/en/about-fraunhofer/profile-structure.html.

Gartner. "Gartner Forecasts Worldwide Public Cloud End-User Spending to Grow 23% in 2021." April 21, 2021. https://www.gartner.com/en/newsroom/press-releases/2021-04-21-gartner-forecasts-worldwide-public-cloud-end-user-spending-to-grow-23-percent-in-2021.

Grand View Research. *3D Printing Market Size, Share & Trends Analysis Report . . . 2021–2028*. May 2021. https://www.grandviewresearch.com/industry-analysis/3d-printing-industry-analysis.

Manufacturing.gov. "Funding." Accessed January 31, 2022. https://www.manufacturing.gov/funding.

Manufacturing USA. "Institutes." 2022. https://www.manufacturingusa.com/institutes.

Santhanam, Nick, Shekhar Varanasi, Akshay Sethi, and Nidhi Arora. *Value Creation in Industrials*. McKinsey & Company, November 2020. https://www.mckinsey.com/industries/advanced-electronics/our-insights/value-creation-in-industrials.

Sargent, John F. *Manufacturing USA: Advanced Manufacturing Institutes and Network*. Congressional Research Service, March 3, 2021. https://crsreports.congress.gov/product/pdf/R/R46703.

Sohu.com. "What Is KAMP, an Artificial Intelligence Manufacturing Platform Launched in South Korea." January 19, 2021 (in Chinese). https://www.sohu.com/a/445501038_478183.

Stewart, Vivien. "Singapore: Innovation in Technical Education." *Asia Society*. Accessed January 31, 2022. https://asiasociety.org/global-cities-education-network/singapore-innovation-technical-education.

Sublett, Cameron, and David Griffith. "How Aligned Is Career and Technical Education to Local Labor Markets?" The Thomas B. Fordham Institute. April 3, 2019. https://fordhaminstitute.org/national/research/how-aligned-career-and-technical-education-local-labor-markets.

Trex. "Feel Fantastic Recycling Your Plastic! Trex Launches Annual Recycling Challenge for Schools." September 12, 2017. https://www.trex.com/our-company/news

/feel-fantastic-recycling-your-plastic-trex-launches-annual-recycling-challenge-for-schools/.

US Bureau of Labor Statistics. "Industry at a Glance: Food Manufacturing: NAICS 311." Accessed January 31, 2022. https://www.bls.gov/iag/tgs/iag311.htm#workforce.

US Bureau of Labor Statistics. "National Occupational Employment and Wage Estimates." 2020. https://www.bls.gov/oes/current/oes_nat.htm#00-0000.

第二章　主场优势

Gartner. "Gartner Says Global Chip Shortage Expected to Persist Until Second Quarter of 2022." May 12, 2021. https://www.gartner.com/en/newsroom/press-releases/2021-05-12-gartner-says-global-chip-shortage-expected-to-persist-until-second-quarter-of-2022.

Klapper, Rebecca. "Low Car Inventory Expected into 2022 as Microchip Shortage Worsens Yet Again." *Newsweek*, September 2, 2021. https://www.newsweek.com/low-car-inventory-expected-2022-microchip-shortage-worsens-yet-again-1625540.

Rapier, Graham. "Elon Musk Says Building a Factory Is '100 Times' as Hard as Building a Car." *Business Insider*, March 15, 2019. https://www.businessinsider.com/elon-musk-says-building-factory-100-times-harder-than-making-car-2019-3.

Seewer, John, and Andrew Welsh-Huggins. "Intel to Build $20B Ohio Chip Facility amid Global Shortage." *Associated Press*, January 21, 2022. https://apnews.com/article/technology-business-lifestyle-games-video-games-cb3e3a36f48416a25b5d00baa405f91a.

Strozewski, Zoe. "Tesla Says No New Models in 2022, Delays Cybertruck Due to Chip Shortage." *Newsweek*, February 9, 2022. https://www.newsweek.com/tesla-says-no-new-models-2022-delays-cybertruck-due-chip-shortage-1677657.

The National Research Council of the National Academies. *Optics and Photonics: Essential Technologies for Our Nation.* 2013. https://doi.org/10.17226/13491.

The ZeroSum Market First Report. "Automotive Inventory Data and Sales Forecasts January 2022." *PR Newswire*, January 26, 2022. https://www.prnewswire.com/news-releases/automotive-inventory-data-and-sales-forecasts-january-2022-301468257.html.

US Department of Commerce. "Commerce Semiconductor Data Confirms Urgent Need for Congress to Pass U.S. Innovation and Competition Act." January 25, 2022. https://www.commerce.gov/news/press-releases/2022/01/commerce-semiconductor-data-confirms-urgent-need-congress-pass-us.

第三章 漫漫征途

Aicardi, Robert. "Clean Harbors CEO: Gulf Cleanup Area 'Like a War Zone.'" *Wicked Local*, June 28, 2010. https://www.wickedlocal.com/story/braintree-forum/2010/06/28/clean-harbors-ceo-gulf-cleanup/39737266007/.

Bandler, James. "The Garbage Czars." *Rutland Herald*, August 23, 1992.

Bulk Handling Systems. "BHS Launches the Max-AI AQC-C." May 1, 2019. https://bulkhandlingsystems.com/wp/bhs-launches-the-max-ai-aqc-c/.

Casella Waste Systems. "History." Accessed January 31, 2022. https://www.casella.com/history.

Clean Harbors. "New Hazardous Waste Incinerator Comes Online." April 4, 2017. https://www.cleanharbors.com/fr/node/2631.

Coudriet, Carter. "How Two Vermont Brothers Built, Trashed, Then Revived Their $1.8 Billion Waste Management Company." *Forbes*, June 28, 2019. https://www.forbes.com/sites/cartercoudriet/2019/06/28/vermont-casella-brothers-waste-systems/?sh=3e61bd986cef.

Davis, Jeremy. "The History of Vermont Skiing: One Hundred Years of Growth." The New England Lost Ski Areas Project, April 20, 1998. https://www.nelsap.org/vt/history.html.

Doler, Kathleen. "John Casella Literally Turns Trash into Treasure over Four Decades." *Investor's Business Daily*, January 7, 2021. https://www.investors.com/news/management/leaders-and-success/casella-waste-systems-ceo-turns-trash-into-treasure-over-four-decades/.

Heyn, Beth. "Clean Harbors Is Featured on 'Undercover Boss.'" *Heavy.com*, January 27, 2020. https://heavy.com/entertainment/2020/01/clean-harbors-undercover-boss/.

National Oceanic and Atmospheric Administration. "Deepwater Horizon Oil Spill: Long-Term Effects on Marine Mammals, Sea Turtles." April 20, 2017. https://oceanservice.noaa.gov/news/apr17/dwh-protected-species.html.

Redling, Adam. "Clean Harbors COO Talks About the Company's Evolution." *Construction & Demolition Recycling*, December 5, 2018. https://www.cdrecycler.com/article/clean-harbors-interview-hazardous-waste/.

Sabataso, Jim. "Stafford, Casella Launch Training Program." *Rutland Herald*, November 9, 2020. https://www.rutlandherald.com/news/covid19/stafford-casella-launch-training-program/article_f06dc245-48f6-54cf-a8e6-23773656aa13.html.

Smith, Howard. "Can This Waste Manager Help Clean Up Your Portfolio?" *Motley Fool*, March 6, 2020. https://www.fool.com/investing/2020/03/06/can-this-waste-manager-help-clean-up-your-portfoli.aspx.

US Bureau of Labor Statistics. "Labor Force Statistics from the Current Population Survey." Accessed January 31, 2022. https://www.bls.gov/cps/data.htm.

Walsh, Molly. "Two Men's Trash: How Casella Waste Systems Converted Garbage into a Sprawling Empire." *Seven Days*, February 19, 2019. https://www.sevendaysvt.com/vermont/two-mens-trash-how-casella-waste-systems-converted-garbage-into-a-sprawling-empire/Content?oid=26608444.

第四章　钛经济模板

Brown, Adam. "The 47,500% Return: Meet the Billionaire Family Behind the Hottest Stock of the Past 30 Years." *Forbes*, January 13, 2020. https://www.forbes.com/sites/abrambrown/2020/01/13/heico-mendelson/?sh=5b1dd8f84b18.

El-Bawab, Nadine. "Here's How Much Americans Have Saved in Their 401(k)s at Every Age." *CNBC*, February 24, 2021. https://www.cnbc.com/2021/02/24/how-much-americans-have-saved-in-their-401k-by-age.html.

HEICO. "Jet Avion: About Us." Accessed January 31, 2022. https://www.heico.com/about-us/subsidiaries/jet/.

National Center for Education Statistics. "Number and Percentage of Public School Students Eligible for Free or Reduced-Price Lunch, by State: Selected Years, 2000–01 Through 2015–16." *Digest of Educational Statistics*, 2017. https://nces.ed.gov/programs/digest/d17/tables/dt17_204.10.asp.

Thermal Structures. "Non-Metallic Fire Shields." Accessed January 31, 2022. https://www.thermalstructures.com/products/non-metallic-fire-shields/.

Vanguard. *How America Saves 2021*. June 2021. https://institutional.vanguard.com/content/dam/inst/vanguard-has/insights-pdfs/21_CIR_HAS21_HAS_FSreport.pdf.

第五章　微观垂直市场的力量

BOSS Magazine. "Humble, Hungry, and Smart: The Middleby Food Processing and Bakery Group Is Driven to Perfection." May 2021. https://thebossmagazine.com/hungry-humble-and-smart/.

Foodservice Equipment & Supplies. "The Ultimate Kitchens for Culinary Innovation and Demonstration." May 18, 2021. https://fesmag.com/sponsored/19330-the-ultimate-kitchens-for-culinary-innovation.

Middleby. "Middleby Acquires Ve.Ma.C. Srl." March 26, 2018. https://www.middleby.com/newsroom/middleby-acquires-ve-ma-c-srl/.

Middleby. "Middleby Innovation Kitchens." Accessed January 31, 2022. https://www.middleby.com/mik/.

Middleby. "Middleby Innovation Kitchens Podcast," 2021. https://www.middleby.com/podcasts/middleby-innovation-kitchens/.

Opal Investment Research. "Middleby: Operational Momentum Extends the Multi-Year Growth Runway." *Seeking Alpha*, September 4, 2021. https://seekingalpha.com./article/4453536-middleby-operational-momentum-extends-the-multi-year-growth-runway.

Reuters. "Welbilt Says Ali Group $3.3 Billion Bid Likely Better Than Middleby Deal," May 28, 2021. https://www.reuters.com/article/us-welbilt-m-a-aligroup-idUKKCN2D91UQ.

Root, Al. "This Small-Cap Stock Could Soar as Restaurants Recover." *Barron's*, March 26, 2021. https://www.barrons.com/articles/welbilt-a-small-cap-stock-for-the-restaurant-recovery-51616796000.

The NPD Group. "Consumers Take Grilling and Outdoor Cooking to the Next Level, Reports NPD." April 13, 2021. https://www.npd.com/news/press-releases/2021/consumers-take-grilling-and-outdoor-cooking-to-the-next-level-reports-npd/.

第六章 伟大的放大周期

Cullen, Tim. *Disassembled: A Native Son on Janesville and General Motors—a Story of Grit, Race, Gender, and Wishful Thinking and What It Means for America*. Mineral Point, WI: Little Creek Press, 2019.

Data USA. "About: Simpsonville, SC." 2019. https://datausa.io/profile/geo/simpsonville-sc#about.

Dietrich, Kevin. "S.C.'s Journey to Advanced Manufacturing." *Greenville Business Magazine*, April 30, 2021. https://www.greenvillebusinessmag.com/2021/04/30/354982/s-c-s-journey-to-advanced-manufacturing.

Elias, Jennifer. "Tesla Says It Helped Create More Than 50,000 Jobs in California in 2017." *Silicon Valley Business Journal*, May 16, 2018. https://www.bizjournals.com/sanjose/news/2018/05/16/tesla-economic-impact-california-bay-area-jobs.html.

Goldstein, Amy. *Janesville: An American Story*. New York: Simon & Schuster, 2017.

Goldstein, Amy. "What Is Janesville, Wisconsin, Without General Motors?" *The Atlantic*, April 18, 2017. https://www.theatlantic.com/business/archive/2017/04/janesville-wisconsin-gm-economic-future/523272/.

Greenville County Schools. "U.S. News Announces New Rankings of Elementary and Middle Schools." October 27, 2021. https://www.greenville.k12.sc.us/news/main.asp?titleid=2110usnews.

Jamieson, Claire E. "Change in the Textile Mill Villages of South Carolina's Upstate During the Modern South Era." Master's thesis, University of Tennessee, 2010. https://trace.tennessee.edu/utk_gradthes/635.

Jorge, Jeff, and Erich Bergen. *Supply Chain Resilience: Exploring Nearshoring to Unlock New Frontiers of Strength*. Baker Tilly, December 15, 2020. https://www.bakertilly.com/insights/supply-chain-resilience-exploring-near-shoring-to.

McKinsey & Company. *The Future of Work in America: People and Places, Today and Tomorrow*. July 11, 2019. https://www

.mckinsey.com/featured-insights/future-of-work/the-future-of-work-in-america-people-and-places-today-and-tomorrow.

Michelin North America Inc. "Michelin Ranked in the Top 5 Companies as the Only Tire Manufacturer Among 'Best-in-State Employers' in South Carolina." September 24, 2020. https://michelinmedia.com/pages/blog/detail/article/c0/a1009/.

National Center for Education Statistics. "Number and Percentage of Public School Students Eligible for Free or Reduced-Price Lunch, by State."

Reshoring Initiative. "Reshoring Initiative IH2021 Data Report." September 20, 2021. https://reshorenow.org/blog/reshoring-initiative-ih2021-data-report/.

Reuters. "Welbilt Says Ali Group $3.3 Billion Bid Likely Better Than Middleby Deal."

Simpsonville, South Carolina. "City Again Makes List of Best Places to Live in State." Accessed January 31, 2022. https://www.simpsonville.com/community/page/city-again-makes-list-best-places-live-state.

South Carolina Department of Commerce. "Success Story: The Boeing Company." Accessed January 31, 2022. https://www.sccommerce.com/why-sc/success-stories/boeing-company.

US Bureau of Labor Statistics. "Industry at a Glance: Food Manufacturing: NAICS 311."

第七章 "钛家族"价值观

Bailey, Doug. "More Than 8 Out of 10 family businesses Have No Succession Plans." *Boston Globe*, February 9, 2016. http://sponsored.bostonglobe.com/rocklandtrust/more-than-8-out-of-10-family-businesses-have-no-succession-plans/.

Emmett, Jonathan, Asmus Komm, Stefan Moritz, and Friederike Schultz. "This Time It's Personal: Shaping the 'New Possible' Through Employee Experience." McKinsey & Company, September 30, 2021. https://www.mckinsey.com/business-functions/people-and-organizational-performance/our-insights/this-time-its-personal-shaping-the-new-possible-through-employee-experience.

Smith Family Business Initiative at Cornell. "Family Business Facts." Accessed January 31, 2022. https://www.johnson.cornell.edu/smith-family-business-initiative-at-cornell/resources/family-business-facts/.

Varga, Tom. "Ready For Re-D?" *Food Logistics*, May 26, 2010. https://www.foodlogistics.com/transportation/cold-chain/article/10255660/foodservice-distributors-are-taming-their-supply-chain-with-redistribution.

第八章 赢得人才战争

Amoyaw, May. "Apprenticeship America: An Idea to Reinvent Postsecondary Skills for the Digital Age." *Third Way*, June 11, 2018. https://www.thirdway.org/report/apprenticeship-america-an-idea-to-reinvent-postsecondary-skills-for-the-digital-age.

Apprenticeship.gov. "Registered Apprenticeship Program." 2022. https://www.apprenticeship.gov/employers/registered-apprenticeship-program.

Dixon-Fyle, Sundiatu, Kevin Dolan, Vivian Hunt, and Sara Prince. "Diversity Wins: How Inclusion Matters." McKinsey & Company, May 19, 2020. https://www.mckinsey.com/featured-insights/diversity-and-inclusion/diversity-wins-how-inclusion-matters.

Expatrio. "German Dual Apprenticeship System." Accessed January 31, 2022. https://www.expatrio.com/studying-germany/german-education-system/german-dual-apprenticeship-system.

Farrell, Diana, Martha Laboissiere, Imran Ahmed, Jan Peter aus dem Moore, Tilman Eichstadt, Lucia Fiorito, Alexander Grunewald, et al. "Changing the Fortunes of America's Workforce: A Human-Capital Challenge." McKinsey Global Institute, June 2009. https://www.mckinsey.com/featured-insights/employment-and-growth/changing-the-fortunes-of-us-workforce.

Federal Ministry of Education and Research. "The German Vocational Training System." Accessed January 31, 2022. https://www.bmbf.de/bmbf/en/education/the-german-vocational-training-system/the-german-vocational-training-system_node.html.

Generation USA. "Verizon Partnership." 2020. https://usa.generation.org/partners/verizon/.

Hanson, Melanie. "Average Cost of College & Tuition." *Education Data Initiative*, January 27, 2022. https://educationdata.org/average-cost-of-college.

Hrynowski, Zach. "Nearly Half of U.S. Parents Want More Noncollege Paths." *Gallup*, April 7, 2021. https://news.gallup.com/poll/344201/nearly-half-parents-noncollege-paths.aspx.

Hunt, Vivian, Dennis Layton, and Sara Prince. "Why Diversity Matters." McKinsey & Company, January 1, 2015. https://www.mckinsey.com/business-functions/people-and-organizational-performance/our-insights/why-diversity-matters.

Hunt, Vivian, Lareina Yee, Sara Prince, and Sundiatu Dixon-Fyle. "Delivering Through Diversity." McKinsey & Company, January 18, 2018. https://www.mckinsey.com/business-functions/people-and-organizational-performance/our-insights/delivering-through-diversity.

Ideal Industries. "Rebuilding the Trades," November 11, 2021. Presentation by Meghan Juday at Global Industrial Leadership Summit hosted by McKinsey & Company.

Manyika, James, and Kevin Sneader. "AI, Automation, and the Future of Work: Ten Things to Solve For." McKinsey & Company, June 1, 2018. https://www.mckinsey.com/featured-insights/future-of-work/ai-automation-and-the-future-of-work-ten-things-to-solve-for.

Mishel, Lawrence. "Yes, Manufacturing Still Provides a Pay Advantage, but Staffing Firm Outsourcing Is Eroding It." *Economic Policy Institute*, March 12, 2018. https://www.epi.org/publication/manufacturing-still-provides-a-pay-advantage-but-outsourcing-is-eroding-it/.

National Center on Education and the Economy. "Top-Performing Countries: Singapore." Accessed January 31, 2022. https://ncee.org/country/singapore/.

New York Times. "Job Training That's Free Until You're Hired Is a Blueprint for Biden." April 7, 2021. https://www.nytimes.com/2021/04/07/business/job-training-work.html.

Norheim, Karen. "Female Leadership Has a Ripple Effect in the Manufacturing Industry." *Future of Business and Tech*. Accessed January 31, 2022. https://www.futureofbusinessandtech.com/manufacturing/female-leadership-has-a-ripple-effect-in-the-manufacturing-industry/.

Replogle, Jill. "Where Are All the Construction Tradeswomen?" *Marketplace*, August 17, 2021. https://www.marketplace.org/2021/08/17/where-are-all-the-construction-tradeswomen/.

Sabataso. "Stafford, Casella Launch Training Program."

South Korea Ministry of Education. "High School Vocational Education Advancement Measure." May 12, 2010. http://english.moe.go.kr/boardCnts/view.do?boardID=265&boardSeq=1789&lev=0&searchType=null&statusYN=W&page=18&s=english&m=03&opType=N.

Tucker, Marc S. "The Phoenix: Vocational Education and Training in Singapore." October 2012. https://www.ncee.org/wp-content/uploads/2014/01/The-Phoenix1-7.pdf.

Ydstie, John. "How Germany Wins at Manufacturing—for Now." *NPR*, January 3, 2018. https://www.npr.org/2018/01/03/572901119/how-germany-wins-at-manufacturing-for-now.

第九章　探索可持续发展

AeroAggregates of North America. (Website). Accessed January 31, 2022. https://www.aeroaggna.com/?gclid=Cj0KCQi

AxoiQBhCRARIsAPsvo-wzVR9_8QWYkyY_4X5N
20Q2IkzuBE1rva-Vy5zhCDK3T0uB9NLjUmMaAh
BLEALw_wcB.

Blue Planet Systems. "Permanent Carbon Capture." 2021. https://www.blueplanetsystems.com/.

Field, Karen. "John Deere's Tech-Fueled Mission to Feed a Hungry World, One Seed at a Time." *Fierce Electronics*, January 12, 2021. https://www.fierceelectronics.com/electronics/john-deere-s-tech-fueled-mission-to-feed-a-hungry-world-one-seed-at-a-time.

John Deere. "Deere & Company Is Among World's Top 50 Most Admired Companies." February 16, 2017. https://www.deere.com/sub-saharan/en/our-company/news-media/news-releases/2017/february/deere-and-company-among-worlds-top-most-admired-companies/.

Lydon, Bill. "John Deere Digitalization & Automation Increases Farming Productivity." *Automation.com*, February 15, 2021. https://www.automation.com/en-us/articles/february-2021/john-deere-digitalization-automation-farming.

McKinsey & Company. *Climate Math: What a 1.5-Degree Pathway Would Take*. April 30, 2020. https://www.mckinsey.com/business-functions/sustainability/our-insights/climate-math-what-a-1-point-5-degree-pathway-would-take.

NASA. "How NASA and John Deere Helped Tractors Drive Themselves," April 18, 2018. https://www.nasa.gov/feature/directorates/spacetech/spinoff/john_deere.

PwC. "State of Climate Tech 2021." 2021. https://www.pwc.com/gx/en/services/sustainability/publications/state-of-climate-tech.html.

Ramsden, Keegan. "Cement and Concrete: The Environmental Impact." *Princeton Student Climate Initiative*, November 3, 2020. https://psci.princeton.edu/tips/2020/11/3/cement-and-concrete-the-environmental-impact.

Syntax. "Facing Hardware Refresh, Trex Looks to Cloud for JDE|SQL Workloads." February 2020. https://www.syntax.com/wp-content/uploads/2021/02/SYN_SS_Trex_FINAL.pdf.

Trex. "Eco-Friendly, Recycled Plastic Decking." Accessed January 31, 2022. https://www.trex.com/why-trex/eco-friendly-decking/.

United Nations. "Step Up Climate Change Adaptation or Face Serious Human and Economic Damage." *UN Environment Programme*, January 14, 2021. https://www.unep.org/news-and-stories/press-release/step-climate-change-adaptation-or-face-serious-human-and-economic.

United States Environmental Protection Agency. "Inventory of U.S. Greenhouse Gas Emissions and Sinks." 2022. https://www.epa.gov/ghgemissions/inventory-us-greenhouse-gas-emissions-and-sinks.

US Securities and Exchange Commission. "SEC Proposes Rules to Enhance and Standardize Climate-Related Disclosures for Investors." 2022. https://www.sec.gov/news/press-release/2022-46.

Vivint Solar. "How Many Solar Panels Would You Need to Power the USA?" Accessed January 31, 2022. https://www.vivintsolar.com/learning-center/how-many-solar-panels-to-power-the-usa.

World Green Building Council. "Bringing Embodied Carbon Upfront." Accessed January 31, 2022. https://www.worldgbc.org/embodied-carbon.

Zimmer, Anthony, NRMRL, and HakSoo Ha. "Buildings and Infrastructure from a Sustainability Perspective." Environmental Protection Agency. September 2014. https://www.epa.gov/sites/default/files/2016-09/documents/buildingsandinfrastructurefromasustainabilityperspective.pdf.

第十章 钛经济的颠覆性创新

Arora, Nidhi, Nick Santhanam, Shekhar Varanasi, Akshay Sethi. "Value creation in industrials." McKinsey & Company, November 2020. https://www.mckinsey.com/industries/advanced-electronics/our-insights/value-creation-in-industrials.

Bughin, Jacques, Eric Hazan, Susan Lund, Peter Dahlstrom, Anna Wiesinger, and Amresh Subramaniam. "Skill Shift: Automation and the Future of the Workforce." McKinsey Global Institute, May 23, 2018. https://www.mckinsey.com/featured-insights/future-of-work/skill-shift-automation-and-the-future-of-the-workforce.

EOS. "EOS 3D Printing Technology for Aerospace." 2021. https://www.eos.info/en/presscenter/expert-articles/aerospace_liebherr_ventilblock.

Farrell, et al. "Changing the Fortunes of America's Workforce: A Human-Capital Challenge."

Fraunhofer-Gesellschaft. "Fraunhofer-Gesellschaft Profile / Structure."

Gartner. "Gartner Forecasts Worldwide Public Cloud End-User Spending to Grow 23% in 2021." April 21, 2021. https://www.gartner.com/en/newsroom/press-releases/2021-04-21-gartner-forecasts-worldwide-public-cloud-end-user-spending-to-grow-23-percent-in-2021.

Government of Singapore. "About SkillsFuture." Accessed January 31, 2022. https://www.skillsfuture.gov.sg/AboutSkillsFuture.

Grand View Research. *3D Printing Market Size, Share & Trends Analysis Report . . . 2021–2028.* May 2021. https://www.grandviewresearch.com/industry-analysis/3d-printing-industry-analysis.

Jacob, Brian A. "What We Know About Career and Technical Education in High School." *Brookings*, October 5, 2017. https://www.brookings.edu/research/what-we-know-about-career-and-technical-education-in-high-school/.

Lincicome, Scott. "Manufactured Crisis: 'Deindustrialization,' Free Markets, and National Security." Cato Institute, January 27, 2021. https://www.cato.org/publications/policy-analysis/manufactured-crisis-deindustrialization-free-markets-national-security.

Manufacturing USA. "Institutes."

Manufacturing.gov. "Funding."

Manyika, James, Katy George, Eric Chewning, Jonathan Woetzel, and Hans-Werner Kaas. "Building a More Competitive US Manufacturing Sector." McKinsey Global Institute, April 15, 2021. https://www.mckinsey.com/featured-insights/americas/building-a-more-competitive-us-manufacturing-sector.

Polen, Jeff. "The Mask Mover." By Karen Duffin. *NPR*, audio and transcript (April 17, 2020). https://www.npr.org/transcripts/837216447.

Rosalsky, Greg. "Are We Firing Too Many People in the U.S.?" By Karen Duffin. *NPR*, April 7, 2020. https://www.npr.org/sections/money/2020/04/07/828081285/are-we-firing-too-many-people.

Rep. Ryan, Tim, and Tom Reed. H.R.2900—116th Congress (2019–2020): Chief Manufacturing Officer Act (2019). https://www.congress.gov/bill/116th-congress/house-bill/2900.

Sargent. *Manufacturing USA: Advanced Manufacturing Institutes and Network*.

Sohu.com. "What Is KAMP, an Artificial Intelligence Manufacturing Platform Launched in South Korea."

Stewart. "Singapore: Innovation in Technical Education."

Sublett and Griffin. "How Aligned Is Career and Technical Education to Local Labor Markets?"

Trex. "Feel Fantastic Recycling Your Plastic! Trex Launches Annual Recycling Challenge for Schools," September 12, 2017. https://www.trex.com/our-company/news/feel-fantastic-recycling-your-plastic-trex-launches-annual-recycling-challenge-for-schools/.

US Bureau of Labor Statistics. "Industry at a Glance: Food Manufacturing: NAICS 311."

US Bureau of Labor Statistics. "National Occupational Employment and Wage Estimates."

US Department of Labor. "US Department of Labor Announces Available Funding to Promote, Develop, Expand

Registered Apprenticeship in Critical, Non-Traditional Industries." September 10, 2021. https://www.dol.gov/newsroom/releases/eta/eta20210910.

Weisbach, Annette. "Germany is using a familiar weapon to prevent layoffs." *CNBC*, April 3, 2020. https://www.cnbc.com/2020/04/03/kurzarbeit-germany-is-using-a-familiar-weapon-to-prevent-layoffs.html.

Wu, Mark. "The 'China, Inc.' Challenge to Global Trade Governance." *Harvard International Law Journal* 57, no. 2 (spring 2016). https://harvardilj.org/wp-content/uploads/sites/15/HLI210_crop.pdf.